Ludwig Napp

Untersuchung der sprachlichen Eigentümlichkeiten des Livre des Miracles de Notre Dame de Chartres

Ludwig Napp

Untersuchung der sprachlichen Eigentümlichkeiten des Livre des Miracles de Notre Dame de Chartres

ISBN/EAN: 9783743662025

Hergestellt in Europa, USA, Kanada, Australien, Japan

Cover: Foto ©Thomas Meinert / pixelio.de

Weitere Bücher finden Sie auf **www.hansebooks.com**

UNTERSUCHUNG
DER
SPRACHLICHEN EIGENTHÜMLICHKEITEN
DES
LIVRE DES MIRACLES
DE
NOTRE DAME DE CHARTRES.

INAUGURAL-DISSERTATION
ZUR
ERLANGUNG DER DOCTORWÜRDE
BEI DER
PHILOSOPHISCHEN FACULTÄT
DER RHEINISCHEN FRIEDRICH-WILHELMS-UNIVERSITÄT ZU BONN
EINGEREICHT UND
MIT DEN BEIGEFÜGTEN THESEN VERTHEIDIGT
AM 11. AUGUST 1886, MORGENS 11 UHR
VON
LUDWIG NAPP
AUS ROELSDORF BEI DUEREN.

OPPONENTEN:
RUDOLF LENZ, DR. DES. PHIL.
WILHELM BERNHARDT, DR. DES. PHIL.
HEINRICH RÖTTGEN, CAND. PHIL.

WÜRZBURG.
DRUCK DER THEIN'SCHEN DRUCKEREI (STÜRTZ).
1887.

Der der folgenden Untersuchung zu Grunde liegende Text ist nach der einzigen, denselben enthaltenden Handschrift, welche auf der Bibliothek von Chartres aufbewahrt wird, im Jahre 1855 von G. Duplessis herausgegeben worden.

Die Ausgabe enthält ausser dem Abdrucke der Handschrift noch ein ganz werthloses Glossar, einen Marienkalender, einige französische, italienische und spanische Gedichte, welche sich auf die Jungfrau Maria beziehen, endlich zwei die Hauptkirche von Chartres betreffende Abhandlungen.

Der Text besteht aus paarweise reimenden Achtsilbnern und nimmt in der erwähnten Ausgabe 211 Seiten ein. Es ist keine Originalarbeit, sondern die Uebersetzung eines lateinischen Prosatextes, wie der Verfasser in dem Gedichte öfters, z. B. p. 1, 19; p. 18 passim; p. 66, 29; p. 101,20 erwähnt. Dieser einige Zeit für verloren gehaltene lateinische Text ist jetzt von A. Thomas in einer Handschrift der vatikanischen Bibliothek wieder aufgefunden und in der Bibliothek der Ecole des Chartes Band XXXXII 1881 abgedruckt worden (auch als Separatabzug erschienen; daselbst ist p. 507 die Konkordanz der lateinischen und französischen Wundererzählungen angegeben). Den Namen des Verfassers des lateinischen Prosatextes erfahren wir nicht. Nur geht aus dem Texte und aus der altfranzösischen Ueberarbeitung hervor, dass der Betreffende in Chartres gewohnt haben muss.

Von dem Uebersetzer wissen wir auch nur, dass derselbe Johan le Marcheant (cf. S. 210,28!) hiess und dass ihm der König die Pfründe zu Peronne geschenkt hat, dass er also zur Zeit König Ludwigs des Heiligen gelebt hat. Er sagt selbst, dass er das lateinische Buch zu der Zeit, als Matthaeus (Mahé) Bischof von Chartres war, in gebundener Form in die Volkssprache übertragen habe (cf. S. 18, 21—S. 19, 2 !).

So weit es ihm der Gebrauch der metrischen Form gestattete, hat sich Mestre Johan eng an das lateinische Original gehalten. Nur selten ist zu bemerken, dass er etwas hinzugefügt hat (so z. B. in No. 17). Nicht jede der 32 Nummern Johan le Marcheant's findet sich in der lateinischen Vorlage. Es fehlen in der letzteren No. 27, No. 29, No. 30, No. 31 und No. 32. No. 30 und 31 hat unser Mann wörtlich aus der Sammlung von Marienmirakeln Gautier's von Coinsy herübergenommen, abgesehen von einer Anzahl ausgelassener Verse und einigen durch den Umstand, dass Johan nicht die Notre Dame von Soissons, sondern diejenige von Chartres besingen wollte, bedingten Aenderungen. Auch No. 29 und die in der lateinischen Vorlage enthaltene No. 3 finden sich dem Inhalte nach bei Gautier von Coinsy wieder; jedoch ist hier unser Dichter selbständig geblieben. [Schon Tobler hat in der Zeitschr. für vergleich. Sprachforsch. B. XXIII in einer Anmerkung darauf aufmerksam gemacht, welches Verhältniss zwischen Johan le Marcheant und Gautier von Coinsy besteht.]

Für No. 27 und No. 32 haben unserem Dichter wohl unzweifelhaft auch lateinische Quellen vorgelegen, jedoch weiss ich nichts hierüber anzugeben.

Die Handschrift, in welcher das Gedicht auf uns gekommen ist, ist weit über 100 Jahre jünger, als der Archetypus gewesen sein wird (cf. hierüber in der Abhandlung von Rossard de Mianville und Chasles S. 292 Z. 8 ff. der Ausgabe unseres Textes: „Le livre des Miracles de la Vierge fait partie du manuscrit no. 18, dont il vient d'être parlé, lequel a été écrit entre 1390 et 1406. Cela résulte de ce que la liste des évêques qui suit ce poème, et qui est de la même encre et la même main, ne va pas plus loin que Jean de Montaigu, évêque en 1390 et ayant siégé quinze ans.")

Der philologische Werth der Ausgabe des Herrn Duplessis ist gleich Null. Er hat den Text diplomatisch abgedruckt, ohne den Versuch zu machen, eine richtige Worttrennung und eine richtige Interpunktion herzustellen. Herr Duplessis hat jedoch immerhin noch ziemlich gut gelesen, so dass es fast überall möglich war, den Text zu verstehen. So weit es möglich war, sind die Lesefehler und die Verstösse gegen die Worttrennung in dem Verzeichniss am Schlusse dieser Arbeit berichtigt. Eine Anzahl unverständlicher Stellen ist leider immer noch geblieben.

Um für die Feststellung der Sprache unseres Textes noch andere Anhaltspunkte zu gewinnen, wurden noch Urkunden herangezogen.

In Betracht kam erstens das Cartulaire de Saint Pere de Chartres (erschienen in den Documents inédits de l'histoire de France). Die in der Landessprache geschriebenen uns interessirenden Urkunden stehen sämmtlich im zweiten Bande des Cartulaire. Es sind folgende:

No. 150 (aus dem Jahre 1289) $=$ Uc$_1$
No. 152 („   „   „   1290) $=$ Uc$_2$
No. 153 („   „   „   1292) $=$ Uc$_3$
No. 154 („   „   „   1292) $=$ Uc$_4$
No. 159 („   „   „   1316) $=$ Uc$_5$
No. 160 („   „   „   1317) $=$ Uc$_6$
No. 162 („   „   „   1333) $=$ Uc$_7$
No. 165 („   „   „   1469) $=$ Uc$_8$
No. 166 („   „   „   1477) $=$ Uc$_9$

Ferner kam in Betracht das Cartulaire de Notre Dame de Chartres (publié par de Lépinois et Merlet 1863). Die Urkunden in französischer Sprache stehen im Band II.

No. 363 (aus dem Jahre 1279) $=$ U$_1$
No. 369 (ungefähr aus dem Jahre 1280) $=$ U$_2$
No. 391 (aus dem Jahre 1327 — lat. Urkunde, aber französische Worte enthaltend) $=$ lat. U
No. 392 (aus dem Jahre 1330 — nicht Original) U$_3$

Ausserdem sind in jenem Bande noch zwei petit gedruckte Urkunden enthalten, welche herangezogen wurden.

Urkunde aus dem Jahre 1393 $=$ U$_4$
Urkunde aus dem Jahre 1422 $=$ U$_5$

Wie man sieht, sind die Urkunden alle aus später Zeit. Auch liefern sie wenig für die Kenntniss des Dialektes.

Marchegay hat in der Bibliothèque de l'Ecole des Chartes XXXXIV 1883 S. 286 — S. 288 eine Urkunde abgedruckt, von welcher er glaubt, dass sie aus der Perche sei. Dieses muss ich entschieden bestreiten. Wenigstens aus dem Theile der Perche, welcher an Chartres grenzt, ist die Urkunde nicht. Es folgt dieses für mich aus folgenden Gründen:

1) volkslat. ę gibt in der fraglichen Urkunde nur oi — die Entwicklung von ę ist aber im Dialekt von Chartres sicher diejenige zu oi gewesen;

2) dŭos hat sich in der fraglichen Urkunde zu dos entwickelt (8 Mal belegt), während es in den anderen Urkunden und in unserem Texte nur deus heisst;

3) wir finden in der fraglichen Urkunde die Form primere (287,1), während, wie aus dem Texte und den anderen Urkunden (allerdings nur ein Beispiel dort) hervorgeht, das Suffix-arium sich in unserem Dialekte zu —ier entwickelt hatte;

4) die betreffende Urkunde hat für das Pronomen Demonstrativum Pluralis Feminini die Form cettes (286,16; 288,5), welche sich in den Mirakeln und in den übrigen Urkunden nirgends findet.

Mir scheint die Urkunde, da es sich hauptsächlich in derselben um den Herrn von Château Gautier handelt, in dieser Stadt (also in der Provinz Maine, nordwestlich von Angers) geschrieben zu sein.

Während so durch Urkunden wenig Sicheres über unseren Dialekt zu erfahren war, liessen sich doch aus den Reimen des Textes einige Schlüsse ziehen. Die Reime sind meistens rein. Unreine oder unmögliche Reime sind nur die folgenden: mere: soffire 71,25 und vindrent: mistreut 171,5; denn die Reime devine: aime 48,17 und contes: toutes 73,15 kommen nicht in Betracht, da in ihnen jedes Mal der Reimvers, der zweite Vers, von späterer Hand eingeschoben ist.

Nun ist zwar schon über die Reime unseres Textes eine Untersuchung erschienen (Sprachliche Untersuchung der Miracles de Nostre Dame de Chartres des Maistre Johan le Marchant von Hermann Fölster A. u. A. XLIII Marburg 1885). Jeder, welcher diese Arbeit kennt, wird wissen, dass der Verfasser durchweg unterlassen hat, irgend welche Schlüsse zu ziehen. — Das Material hat der Verfasser fleissig gesammelt und will ich gewiss nicht läugnen, dass ich einige Berichtigungen und Ergänzungen meiner Arbeit ihm verdanke.*)

---

*) Zu meiner Rechtfertigung sei noch Folgendes bemerkt. Als Fölstor's Arbeit im Buchhandel erschien (Weihnachten 1885), hatte ich das Thema zu meiner Dissertation schon vor 1³/₄ Jahren erhalten (Anfangs März 1884). Dass ich meine Arbeit erst jetzt zu Ende führe, wird der Umstand, dass mich die meiste Zeit Kränklichkeit am anhaltenden Arbeiten hinderte, entschuldigen. Auch wird der folgende Blick auf die Fölster'sche Arbeit darthun, dass durch erstere meine Untersuchung nicht überflüssig geworden ist.

Ausser dem oben erwähnten Uebelstand, dass man in der Lautlehre nur selten charakteristische Merkmale des Textes erwähnt findet, ist besonders ein Mangel empfindlich, nämlich der, dass der Verfasser die kurzen und langen lateinischen Vokale unter demselben Titelkopfe behandelt.

Zur Textkritik hat Fölster nur sehr wenig beigesteuert (nur vier Bemerkungen), obgleich unser Text wahrlich Veranlassung genug dazu bot.

Das Rimarium mit der Menge von — oft ganz falschen — Typen, würde zu einer Anzahl Bemerkungen Anlass bieten. Doch unterlasse ich dieselben hier.

Auch ergibt sich aus dem Rimarium, dass der Verfasser kein guter Kenner des Altfranzösischen war [cf. z. B. p. 9, Sp. 1, Z. 1, wo Fölstor *mateam als Typus für masse anführt, es also für das altfr. mace (it. mazza) hält, demnach einen so bekannten Ausdruck, wie „a mase" nicht gekannt hat — ferner p. 15 Fussnote, wo F. das Adj. pierine 84,13 als Subst. ansieht — ferner p. 5, Sg. 1, Z. 11, wo F. maculam als Grundwort für maille angibt, während das altfr.

Als diese Arbeit schon abgeschlossen war, erschienen noch zwei Arbeiten, welche in Nachträgen Berücksichtigung finden konnten. Besonders wichtig für die Erkenntniss der charakteristischen Merkmale meines Textes war die eine von E. Görlich: die nordwestlichen Dialekte der langue d'oïl (erschienen in den Französischen Studien von Körting und Koschwitz als drittes Heft des fünften Bandes).

Die zweite dieser Arbeiten war die in Herrig's Archiv Bd. LXXVI erschienene Untersuchung K. Huber's der Sprache des Roman du Mont-Saint-Michel von Guillaume de Saint-Paier. Dieses alte Sprachdenkmal hat mehrere Eigenthümlichkeiten mit unserem Texte gemeinsam, was nicht auffallen kann, da der Mont-St.-Michel geographisch nicht allzuweit von Chartres entfernt liegt.

Lautlehre.

A. Vokalismus.

I. Lateinisches a.

Wir werden in diesem Kapitel keine Züge zu besprechen haben, welche den Dialekt besonders charakterisiren würden.

Für die aus normannischen Texten bekannte Erscheinung, auf deren Vorkommen in den Miracles de N. D. de Chartres Förster in der Zeitschr. f. neufr. Spr. u. Litt. I p. 88 Fussnote hingewiesen hat, nämlich, dass a in lat. offener Silbe durch ie wiedergegeben wird, habe ich in den Urkunden keine sicheren Belege gefunden. — In den Mirakeln finden sich allerdings zwei Reime, welche beweisen, dass der Verfasser die Entwicklung zu ie gekannt hat. Es sind dieses die Reime curierres (Nom. Sing.): pierres 84,27 und aversierres (Nom. Sing.): arieres) 127,15. Nicht im Reime finden sich ausserdem noch janglier(r)es 34,1; 112,28; bordierres 113,1; pensier 38,23; preschieres 133,8

---

maaillo — wird von metállaam abgeleitet — gemoint ist — weiteres werde ich an den betreffenden Stellen meiner Arbeit in Fussnoten bringen]. Dass Fölster nicht genau genug gearbeitet hat, beweist die Thatsache, dass or auf p. 30 unter Nr. 80 eine Bindung (secors : mors) erwähnt, welche im Text überhaupt nicht vorkommt.

Noch sei hervorgehoben, dass Fölster gar nichts davon gewusst hat, dass, wie oben bemerkt, nicht bloss Nr. 31, sondern auch Nr. 30 unserer Mirakel aus Gautier von Coinsy entlehnt, mithin die Reime dieser Nummer werthlos für die Bestimmung des Dialektes Johan le Marcheant's sind.

(Bei letzterem lässt sich der Diphthong ie aus der Wirkung der Palatalis erklären). Das sich ausserdem noch im Reime mit lessié findende empressié 123,11 halte ich für ein Versehen des Kopisten. Derselbe schrieb so oft e statt ie (cf. unten unter 4) Bartsch's Gesetz), dass es nicht zu verwundern ist, dass er auch mehrere Male ie statt e schrieb.*)

Im Einzelnen ist Folgendes zu bemerken:

1) a in lat. betonter offener Silbe wird regelmässig zu e^i. Der einmal vorkommenden Schreibung ei in Entreirent wird kein Werth beizulegen sein, da in den Urkunden sich ausser mengeir in Uc_8, 20 (aus dem Jahre 1469) kein einziger Beleg für diese Erscheinung findet.

Anmerk. 1. Wohl aber findet sich ei statt e^i in Urkunden, welche in dem Cartulaire de Louviers, das seiner Zeit von mir durchgesehen worden ist, abgedruckt sind. Freilich sind diese Urkunden wohl in der Kanzlei des Bischofs von Rouen abgefasst, also auf dem rechten Seineufer. Dass aber ei statt e^i sich sogar in westnormannischen Texten (z. B. im Roman du Mont-St.-Michel) findet, ist bekannt. Der Zug, ei statt e^i zu schreiben, geht von der Franche Comté durch Lothringen, die Pikardie bis nach der Normandie.

Anmerk. 2. Das aus lateinischem betonten a in offener Silbe hervorgegangene e^i reimt noch fast ausschliesslich nur mit sich selber. Die Thatsache, dass e^i mit den Wörtern ert und dé (deum) reimt, ist allbekannt. Ebenso ist bekannt, dass e^i mit Mahé (Mathaeum) (Mahé: agréé 18,21) (U_4 9 bietet das Wort in der Form Mahieu) reimt, dass e^i mit Pere (Petrum) (so 148,23) reimt. Ausserdem finden wir nur einen Fall, in welchem e^i mit anderem e reimt, nämlich pere: desespere 172,19.

Bemerkenswerth sind dann noch die Reime clere:Cantorbere 173,11 (die gewöhnliche Form des Namens dieser Stadt in altfranzösischen Texten ist Cantorbire) und espées:Lisées 183,28 (heute Lisieux, Départ. Calvados — im latein. Original steht allerdings Luxovium, nicht Lexovium). Da in beiden Fällen ein Eigenname vorliegt, so ist den Reimen nicht viel Gewicht beizulegen.

Wegen einiger Reime von e^i mit $\underset{.}{e}$ + J cf. 31)!

2) a + l. a vor l wird regelmässig zu e^i. In einer Reihe von Beispielen ist das auf dieses a folgende l vokalisirt worden: auteus 47,10, auteus 47,11, osteus 100,18; 159,3; chateus 26,17, teus 26,18. Ein Mal ist die Vokalisation des l durch Reim gesichert cruels: haineus 33,4 (allerdings hier hainels geschrieben — l statt u, wie so oft).

---

*) [Der Reim pierre: querre 86,29 gehört nicht hierhin, da querre auch aus anderen altfr. Texten in der Form quierre bekannt ist. Nach Förster ist hier von einer Form quadria statt von quadra auszugehen. Indem man nun quaria statt quadria sprach, da man das bekannte Suffix darin zu sehen glaubte, entwickelte sich das Wort zu quiorre].

Die eigenthümliche Schreibweise ie statt e[1] vor l, die aus manchen Texten bekannt ist, finden wir in mehreren Urkunden: qiex Uc_2 16; Uc_5 12; Uc_7 4, quieulx U_5 9.

3) a + m oder n. Hier ist ein Wort, dessen Besprechung von Interesse ist. Die Entwicklung von *deretránum zu daërain bietet nichts Auffallendes (so finden wir auch das Wort in der Schreibung darraine — der Vers verlangt daërraine — 109,26). Zweimal jedoch finden wir das Wort in anderer Form, nämlich darrean 125,12 und darreanne 169,19. Warum finden wir hier nicht ai vor n? Ausserdem findet sich das Wort 158,12 und 26,30 in der Schreibung darrien — das zweite Mal steht das Wort im Reim mit deien — es wird also zu ändern sein deian: darrean (und deian wird als Lehnwort anzusehen sein).

Anmerk. Eine Erwähnung verdient noch das Wort lointain, welches zweimal in der Form loin(g)tiens 74,2; 40,3 erscheint, das erste Mal im Reim mit Oliens (Aureliánis). Ein ebensolcher Reim findet sich Bartsch, Chrestom. 323,6 lointiens: tiens — ferner ebendaselbst 322,32 souviegne: lointiegne (beide Stellen aus dem ersten Theile des Rosenromans). [Nach Förster so zu erklären: longitanus gibt loiñtain, das i = Element von iñ wirkt dann ebenso, wie sonst unmittelbar vorausgehendes i, z. B. loien lïen cf. oitieve].

Die Form lointain ist für den Verfasser unseres Textes ebenfalls gesichert durch Reim mit chartain 42,24.

Ferner sei noch erwähnt die Form merrien (materiámen 29,27). Hier ist die Endung ien aus dem dem Suffix-amen vorangehenden i zu erklären.

4) Bartsch'sches Gesetz. Wenn wir die Fälle aus den Urkunden, welche unter dieses Gesetz fallen, betrachten, so finden wir folgende Beispiele. In der Urkunde, welche aus der Perche sein soll: baillier 286,18; 287,35 aber obligerent 287,$\frac{8}{9}$ — ausserdem oitives 287,16 (die Lautlehre verlangt oitiéves). Die übrigen Urkunden bieten: jugié Uc_5 9; Michiél Uc_6 14; prisiée U_2 7; De rechiéf U_2 46 — aber Michel Uc_4 11; Saichés U_1 2; sachéz U_2 5; De rechef U_2 56 und zweimal poignéz in einer lateinischen Urkunde aus dem Jahre 1327.

Wie man sieht, lässt sich nur ein Schwanken feststellen. In den Mirakeln herrscht ebensolches Schwanken. In der Schreibung ist das Gesetz zwar noch vielfach beobachtet, (so Chiés (casis) 135,19), aber es finden sich schon zahlreiche Beispiele, in welchen das Gesetz nicht mehr befolgt erscheint. So effacée 4,24, consoillé 6,12, travailler 74,15, aidez 13,3, lesserent 16,10, chargerent 74,12. Dass die Wirkung des Gesetzes nicht erst zur Zeit des Kopisten in's Wanken gerathen war, sondern dass auch der Dichter schon das Gesetz nicht mehr strenge beobachtete, beweisen die folgenden Reime: aiderent: bouterent 60,20, leverent: atachierent 69,8, alerent: tesmoignerent 88,16, lesserent: leverent: 95,9, allerent: esforcerent 103,23, asemblercnt: essaierent 170,2, pleurerent: proierent 170,18, voërent: envoerent (franz. envoiicrent) 209,20, s'agenoillerent: plorerent 27,16; naée: abandonnée 128,20, graié: naé 147,16 (graié von *gradáre franz. greer— i zur Tilgung des Hiatus eingeschoben?) Auch der Reim acovoitez: gitez 85,16 wird hierhin zu ziehen sein, da giter in unserem Texte sonst nur mit reinem e^1 reimt (cf. visitez: gitez 15,5; gité: visité 136,28; gité: virginité 149,5*)). Unter Berücksichtigung des p. 8 Gesagten wird der Reim lessié: empress(i)é 123,10 ebenfalls angeführt werden können. Auch die Reime merciée: desliée 7,13, merveillerent: mercïerent 10,18, redefïer: deslïer 25,14, rapareilliée: edefïée 30,25, lesserent: mercïerent 96,10 sind hier anzuführen, denn in den Verben mercïer, crïer und redefïer war wohl zur Zeit des Dichters noch kein i zwischen i und e zur Tilgung des Hiatus eingeschoben worden (cf. die Reime criée: effraée [st. esfréée] 51,8, mercïée: aquitée 55,2, empoëntée: escrïee 56,21!)

Bemerke noch den Reim seintefïez: conchïez 117,18 (ebenso conchïé: oblïé Bartsch Chrestom. 325,9).

5) a + primärem oder entwickeltem u. hat in. unserem Texte die gemeinfranzösische Entwicklung erfahren. Es sind als bemerkenswerth aus der Urkunde, welche aus der Perche stammen soll, die Schreibungen verrunt 286,16, orrunt 286,16, serunt 286,18 zu erwähnen. Ebenso finden wir in den Mirakeln morrunt 38,29 und orrunt 54,26.

Die erste Person von vadere lautet vois 53,31; 67,13; 167,23.

6) In Betreff der Entwicklung der bekannten einsilbigen Wörter malum, jam etc. ist nur zu bemerken, dass in den Mirakeln einmal quer (quare) 3,3 geschrieben ist, welche Form aus anderen Texten bekannt ist (im Roman du Mont St. Michel erscheint quare nur in der Form quer). vadis und vadit finden wir als ves 162,25 und vet 6,23; 15,12; 32,2 etc.. in welchen Formen wir das e wohl besser als die spätere Entwicklung von ai (cf. 30!), denn als e^1 auffassen. In den Urkunden finden wir eine der fraglichen Formen nur in Uc_9 (also einer sehr späten — aus dem Jahre 1469): va Uc_9 15; Uc_9 16.

---

*) Nach Förster reimt acoveter (wegen der Schreibung acovoiter cf. § 36 Anmerk. 3!) in anderen Texten nur mit e^1 (durch ein Dutzend Reime gesichert); also gehört obiger Reim nicht in dieses Kapitel.

7) a + l + Cons. Hier ist zu erwähnen die Schreibung chevians (caballus) statt chevans 127,9, welche aus Verwechslung der Endung -aus mit der Endung -iaus (aus ęllum) zu erklären ist.

8) Das in unserem Texte häufig vorkommende Wort aqua erscheint nur in der Form eive, geht also auf áquam (nicht ácquam) zurück. Durch Reim mit aperceive 56,18 (allerdings kommt hier der Diphthong oi, dessen Lautwerth für unseren Text unsicher ist, in Frage) ist die Form eive vielleicht für den Dichter gesichert. Von den Urkunden hat es nur Uc_7 (aus dem Jahre 1333) und zwar in der Form eaue Uc_7 9.

9) a + mouillirtem n: compaigne 182,12; 183,8 champaigue 182,11, montaigne 183,9, ebenso vortonig compaignon 94,1 etc. im ganzen siebenmal, compaignie 88,14 etc. im ganzen sechsmal (so auch in Uc_8 21 compaignie). (añ reimt mit ęñ, cf. ouvreigne (ŏperam+ ániam): enseigne 128,4; esteindre: plaindre 75,28, also ist für añ die Aussprache ęñ für den Verfasser gesichert (cf. auch die Schreibung gaieng 151,25 und mehaeng 151,26!) Also unterscheidet sich hier unser Dialekt von den Dialekten der Isle de France und Champagne.

10 a) Suffix - áticum: Die älteste der mir zugänglich gewesenen Urkunden, in welcher das Suffix vorkommt, hat einmal heritage U_1 11, zweimal heritaige U_1 4; U_1 13. Die anderen Urkunden haben theils age, theils (und dieses überwiegt) aige.

age in estagiers U_3 16; U_3 20; U_3 34; U_3 25; aige in heritaiges U_3 33, usaige U_3 19, estaigiers U_3 8, estaiges U_4 7, estaiger U_4 29. Leplanaige Uc_8 6, gaige Uc_8 36. In den Mirakeln ist mit einer einzigen Ausnahme nur age geschrieben. Die Ausnahme ist domaige 144,11.

10 b) Suffix-arium-aria. Es finden sich [ausgenommen Borcheres (Ortsname)] nirgends Belege dafür, dass das Suffix sich abweichend vom Gemeinfranzösischen entwickelt hätte. Da in den nordwestlichen Dialekten -ier die gewöhnliche Erscheinung ist, wenn es auch häufig zu -er reducirt wird (cf. Görlich l. c. p. 23!), so kann man annehmen, dass auch der Verfasser Joh. le Marcheant ier gebraucht haben wird.

11) Vortonig ist a zu e geworden und zwar anlautend in dem Eigennamen E[s]gace (*Agatíam?) 15,8; 15,19. Ferner ist a, obgleich anlautend, nicht geblieben in ovec 87,22 etc. im ganzen sechsmal (da-

neben oveques 112,14, ove(s)ques 61,16; 167,16; 178,27 ovecques 186,27) (ist das o in diesen Formen dadurch zu erklären, dass das v vor sich ein u entwickelte — also zuerst auvec vorhanden war, woraus sich später ovec ergab?) Schliesslich ist noch für ursprüngliches a o eingetreten in oncore 185,4; 179,18; 209,31 daneben onquores 175,21, omcore 54,22 — einmal mit u geschrieben unquore 49; 21) — der Grund für diese Wandlung in o ist in der Einwirkung von ũnquam = onc, onque zu sehen (cf. Diez I s. v. ora (2)!)

Inlautend ist a zu o geworden in poor 33,21 etc. im ganzen siebenmal — daneben poour 116,31; 126,18 (nur einmal paour in dem später eingeschobenen Verse 51,3) — hier ist wohl der Grund des Wandels in der Neigung, die beiden Vokale einander anzugleichen, zu suchen.

Die Formen des Verbums *guarire (deutsch warjan) haben in unserem Texte in überwiegender Anzahl den Vokal a bewahrt. Von Formen mit e finden sich folgende; gueri 163,12, guerir 70,25, gueri (3. Perf.) 167,11.

e statt eines zu erwartenden a finden wir noch in menantie 27,27; merrien 92,27; menniere 157,2; benniere 181,8; memmelle 109,8 (solche Formen finden sich auch in den nordwestlichen Dialekten cf. Görlich l. c. p. 23 unt.!)

Bei dem Worte graié 147,16 (statt graé) ist i wohl zur Tilgung des Hiatus eingeschoben.

Entgegen dem Französischen steht in unserem Texte gaaing 144,16 (nicht guehaing) — einmal ist dieses Wort „gaieng" 151,25 geschrieben.

Zwischen Haupt- und Nebenton ist a geblieben und nicht zu e geworden in agraable 130,19; 188,16 (der Assimilation wegen) und in samadi 45,18 — daneben noch die auffallende Form semadi XVIII; 106,15; XXV; 150,16; 151,13 — auch in einer Urkunde findet sich semadi Uc_4 3; Uc_4 17.

12) Nachtoniges a, das sich im Französischen als e erhalten hat, ist in unserem Texte oft, weil verstummt, in der Schreibung unterdrückt, besonders, wenn auf das betreffende Wort ein vokalisch anlautendes Wort folgt — cf. bon esperance 114,24 bon amor 131,29, haut oevre 154,19, cest oevre 18,23 etc. im ganzen viermal, cest aventure 52,26, vray amor 6,28, mi aoust 97,19, 158,28, seint Agnes, nul ardeur 176,25! In der Wortmitte ist e öfter in voies

unterdrückt, wenn dieses in der Verbindung mit toutes gebraucht wird, was auch aus anderen Texten bekannt ist cf. 158,11; 168,11! — quarrés 84,2 (statt quarrées) ist nicht daraus zu erklären, dass das End-e verstummt war, sondern ist ein Schreibfehler.

Besonders häufig erscheint das Pronomen illa ohne das sogenannte weibliche e in der Form el, die übrigens aus den meisten anderen altfranzösischen Texten bekannt ist. Im Reime ist nur (8,30) die Form elle belegt. — Zweimal hat das Pronomen sogar im Plural das e verloren, nämlich els 153,25 und 153,29 (cf. el Bartsch Chrestom. 191,8!)

II. Classisch-lateinisches ě (volkslateiniches ę).

13) Da in den nordwestlichen Dialekten ę sich zu ie entwickelt hat (cf. Görlich l. c. p. 24) und auch der Kopist unseres Textes bedeutend mehr Formen mit ie, als solche mit e hat, so ist wohl anzunehmen, dass im Dialekte von Chartres die Entwicklung zu ie die regelmässige war. Entscheidende Reime fehlen leider. Das einzige Beispiel aus den Urkunden zeigt Diphthongirung: Viez-Pont Uc_4 4.

Die Beispiele aus den Mirakeln, in welchen der Kopist nicht die diphthongirte Form geschrieben hat, sind die folgenden: arrere 12, 19; 28, 10; + s 67, 4; melz 6, 17; 18, 15; 134, 23; etc. im Ganzen neunmal, meilz 99, 31, meulz 5, 3, etc. im Ganzen sechsmal, veulz (vęclus) 89,7; 89,26 erege (haerętıcum) 38, 26 cels 174, 18.

In der Gruppe ę + U ist e sehr oft in der undiphthongirten Form wiedergegeben in dem Worte děum, welches dann meist in der Schreibung dex erscheint, so 79, 5; 79, 8; 79, 12; 82, 26; 83, 2; 100, 31 etc. etc.; daneben kommt auch die Form des Objektskasus „deu" vor, so 77, 23; 156, 21; 159, 24; 166, 12. (Häufiger ist aber die Form mit diphthongirten e — daneben findet sich dreimal im Reime mit e^1 die Form dé, ausserdem findet sich dé in der Zeilenmitte 34, 31). Ebenfalls erscheint ę in der undiphthongirten Form in dem Worte lěuca: leues 74,1; 167,22. — Die Belege, welche sich in den Urkunden für ę + U darbieten, zeigen sämmtlich ę in der diphthongirten Gestalt: fié (fěudum) Uc_3 8; U_1 9; fiez U_1 14.

Einmal finden wir i in sicle (sáeculum) 111, 31. Besondere Erwähnung verdient das Wort guieres (in anderen Texten guaires), welches in dieser Form durch den Reim mit pri̇eres 58,38 und 118,28 gesichert ist. Es steht noch 12,11; 49,6; 58,28; 86,1; 108,16; 113,17. In der Schreibung guerres erscheint das Wort 42,24. Ausserdem steht es 112,19 im Reim mit contreires, welcher Reim allerdings nach dem vorhin Angegebenen sehr befremdet. Ferner ist noch besonders zu erwähnen das Lehnwort matire (matēriam), welches in dieser Gestalt durch das häufige Vorkommen im Reime (cf. die Reime 2,18; 17,13; 21,18; 63,5; 55,16; 112,6!) gesichert ist. Ebenso ist cimetire (coemetērium) 186,29 durch Reim gesichert.

14) ę in geschlossener Silbe: Ueber ę + gedeckter Nasalis siehe unter e! — In bersslel 49,1 ist ę in Position diphthongirt. Suffix-ęllum: das Suffix-ęllum zeigt eine zweifache Entwicklung: einmal zu-eau und zweitens zu-iau. Die Entwicklung zu-eau zeigen die Formen: noveax 38,6 enneaus 40,13 joieaus 40,15 ruisseau 62,4 tonneau 75,27, 78,13; + s. 76,30 monceau 84,18 feau? 163,17 oiseau 125,30 quarneaus 181,7 quarreaux 181,12. Ausserdem vielleicht seaus U_3, 39.

Die Entwicklung zu-iau zeigen die Formen: vessiau 62,5; 97,31; + s. 23,7; 115,15 biaus 24,23 biau 42,14; 48,11; 76,1; 80,18; 82,3; 81,15; 81,16; 107,24; (biau(té) 137,2) quarriaus 29,15 enniaus 39,28 drapiaus 60,8; 60,13; 60,19; 60,22; 99,25 morsiaus 115,14 tropiaus 60,23 tonniaus 77,29 tonniau 76,31; 79,9 toniau 76,6; 78,4 monciau 84,21; 84,31 russiau 94,8 nouviau 79,3 piaus 93,31 seiaus 138,9 fleiau? 159,1; 179,28 mangonniaus 180,7 isniaus 183,17. Ausserdem agniaus in der lateinischen Urkunde Z. 73.

Die Zahl der Beispiele für -iau ist also bedeutend grösser, als die Zahl derer für -eau. Da die Urkunden nur die beiden angeführten Beispiele darbieten, so lässt sich nichts entscheiden.

15) Vortoniges ę ist zu i geworden in ivangille 71,22 und in criator 38,12; 80,15 (crïer statt creer ist aus anderen Texten bekannt). — guerredon 2,12 + s 211,22 — nicht guierdon. — paage Uc_4 8 (die beiden Vokale an einander angeglichen?) — Ist in provoire 97,12 und prouveire 209,15 ę zu o verdumpft durch Einfluss von nachfolgendem v? Durch Einfluss von nachfolgendem r ist wohl ę zu a geworden in darreniers 183,6 und den Formen, in welchen *deretránum in unserem Texte auftritt — ebenso in geschlossener Silbe in sarmons 68,3; 130,11 und sämmtlichen vorkommenden Formen von sarmoner (nur 132,27 steht sermone); in quarneaus 181,7 (*crenĕllum).

Vortoniges lateinisches ae erscheint in areiu 98,1; 123,6 (wohl durch Einfluss des r a statt e), in aage 108,17; 110,21; in leesce 30,18 etc. im ganzen viermal (also nicht die gewöhnliche Form lïesce), in preeche 208,14.

III. Classisch-lateinisches ĭ, ē (volkslateinisches ẹ).

ẹ ist in offener Silbe in dem Dialekt, in welchem unser Text verfasst ist, regelmässig zu oi entwickelt. Da über den Diphthongen oi mancherlei zu bemerken ist, und um die Zeit des Verfassers unseres Textes die beiden Diphtonge oi und ọi in der Aussprache bereits zusammengefallen waren, wie sich aus den Reimen ergibt, der Diphthong oi also, auf welche Quelle derselbe auch zurückgehen mag, gleich behandelt wird, so ist es das Beste, den Diphthongen oi in einem besonderen Kapitel am Schlusse des Vokalismus zu behandeln.

16) ẹ in geschlossener Silbe: Hier ist zunächst das Wort virginem zu erwähnen, welches in drei verschiedenen Formen in unserem Texte erscheint. Die regelrecht nach der Lautlehre entwickelte Form verge kommt nur zweimal (71,5 und 116,3) vor. Die durch sekundären Einfluss entstandene Form vierge (hat das r hier Ablaut bewirkt?) erscheint ebenfalls zweimal im Texte: 48,20; 204,8. Am häufigsten ist die gelehrte Form virge, so 32,2; 47,15 etc.

Zu dem Suffix-ĭttam ist zu bemerken, dass dieses öfters in unserem Texte durch -eite wiedergegeben wird: enfanconconneite 50,18, filleite 53,28; 56,11, boucheite 58,30, meschineite 100,21; chareite 103,17 (cf. auch breite (neufr. Brette) 103,18). Auch das Suffix-ĭtiam, zu -ece entwickelt, erscheint zweimal in dieser Schreibung: tristeice 30,17 und parfondeice 98,11. — Ebenso zeigt sich diese Schreibung (ei statt e) bei anderen Wörtern: leitre 59,16; 101,23, meitre 101,22, entremeilée 98,26, treibles 207,28, preistre 94,4, adreice (3. Praes.) 98,12, freiche 8,31, marceiche 162,27. Auch Urkunden liefern Belege: leitres Uc_2 1, Uc_3 12, ferner toureile Uc_2 13 — ẹ wird durch ei wiedergegeben in cleir (statt clẹrc?) U_2 2 [vergleiche Cleir (clerici) 27,3 in den Mirakeln!] — Auch in den südwestlichen Dialekten findet sich ei statt e geschrieben (cf. Görlich „die südwestlichen Dialekte der langue d'oïl" p. 54!)

Vermerkt sei hier noch die Schreibung ei statt e in dem Worte regnum (siehe reigne 42,2; 115,26; 149,32; 206,9). Diese Schreibung ist mit derjenigen, welche in den oben angeführten Wörtern auftritt, zusammenzuhalten und ei dient hier zur Bezeichnung des offenen e-Lautes.

ẹ + N + Consonant: ẹ in der Verbindung ẹ + N + Consonant hat sich nicht zu oi entwickelt. e + N + Consonant reimt vielmehr mit a + N + Consonant, cf. compleindre: esteindre 4,18; compleinte: esteinte 24,5 umgekehrt 176,31; empeinte: esteinte 62,2; esteindre: pleindre 75,28.

e + l + Consonant: Hier ist die Entwicklung von illos und ecce illos zu betrachten. Die lautlich regelmässige Form eus, diejenige Form, welche im Neufranzösischen fortgelebt hat, kommt in den Schreibungen eus, els und elx vor, so 5,25; 5,26; 41,28 etc. im ganzen sechzehn Mal. Die ihr entsprechende Form ceus kommt in den Schreibungen ceus, cels, ceuls und ceulz vor, so 13,26; 28,28 etc. im ganzen siebenmal. Aus den Urkunden sind folgende Beispiele anzuführen: eus Uc_2 5, euls Uc_7 5, ceus Uc_1 1; Uc_2 1; Uc_3 6; Uc_3 1; U_2 12 iceus Uc_8 14. — Ausserdem wird statt der Form eus in unserem Texte noch die in der Champagne übliche Form aus angewandt, so 28,8; 33,13. Von den Urkunden bietet nur Uc_6 einmal „aus" Zeile 11 (in derselben Zeile steht aber ceus). Die Entwicklung zu aus wird also unserem Dialekte abzusprechen sein.

17 e + gedeckter Nasalis. Im Folgenden wird sowohl offenes, als auch geschlossenes e behandelt werden, da dieselben in dieser Verbindung dieselbe Entwicklung genommen haben. Im Allgemeinen ist, wenn die etymologische Grundlage die Schreibung en verlangt, auch en geschrieben, so penitence 141,8, prendre 8,28, parens 6,6, present 9,11, dimenche 168,24; 168,27, loënge 19,5; Engleterre 129,9 (englais 129,11).

Wenn wir die beiden Wörter essample (25,11; 185,12) und talant (120,9) — zu denen auch wohl noch langue (lĭnguam), sehr häufig vorkommend, und sans (sĭne) zu rechnen sind — ausnehmen, da dieselben auch in den Dialekten, welche en und an scharf scheiden, mit an geschrieben vorkommen, haben die Schreibung „an" ohne etymologische Berechtigung nur folgende Wörter: reverance 12,4; 142,20, penitanca 24,31; 205,28, loanges 41,21, atant (attĕndit) 25,13, porveance 68,24; 206,1, formant (fortemĕnte) 178,20 anz (ĭntus?) 177,11, sant (1.Praes.) 150,31, Angleterre 141,16; an (ĭn) 56,8. Dazu kommen aus den Urkunden: an U_2 11, trante U_3 40 und vortonig losangiées („rautenförmig" cf. wegen der Etymologie Scheler!) in der lateinischen Urkunde, Zeile 76; semance Uc_8 31; Uc_3 30.

Häufiger finden wir die Erscheinung, dass en statt etymologisch verlangtem an geschrieben ist, so: semblence 38,9; sergent 108,5; 154,29; manascent 187,12; Rolens 83,16; Johen 208,10. Ausserdem sei noch erwähnt offrende 208,3 offrendes 67,23, auch im Reime, nämlich zweimal mit deffende (112,3; 120,25) und einmal mit tende (132,15). Das Italienische (offerenda) und Spanische (ofrenda) weisen hier auf -ênda, aber das Provençalische auf -ánda als lateinische Grundlage. — In der Schreibung offrande findet sich das Wort auch in unserem Texte, nämlich 54,10.

Aus den Urkunden sind anzuführen commencént (Gerundium oder Part. Praes.) U_4 10; U_4 14; U_5 29; U_5 30; U_5 45 l'en (annum) Uc_4 2; Uc_4 11; Uc_4 17 redevences Uc_4 10. [Auch in den in dem Cartulaire de Louviers enthaltenen Urkunden findet sich öfter en geschrieben, wo die Etymologie an verlangt, z. B. en (annum)].

Häufig wird en statt an vortonig geschrieben, so: lenniers 31,24, endeus 36,9, encīen 20,11; + s 168,31, ahenner 69,13, enniaus 39,28 enneaus 40,13; venton 107,2, ventance 186,2, Constentinoble 180,27 und e statt sekundären a's in demnedeu 77,3. Hierzu kommt aus den Urkunden: commendement Uc_1 17; Uc_1 19. Das Verbum mangier erscheint in der Urkunde Uc_3 in den Schreibungen mengeir und mengier und in den Mirakeln findet sich eine ganze Anzahl Belege sowohl für den Infinitiv, als auch für die übrigen Formen des Verbs in der Schreibung mit en. Da jedoch dieses Verb auch in anderen Texten und im Provençalischen in der Schreibung mit en auftritt, so ist dasselbe hier gar nicht in Betracht zu ziehen.

Nun haben wir umgekehrt vortonig auch einige Fälle, in welchen an statt etymologisch verlangten en's steht, nämlich: samblance 73,18, tanpeste 14,22, anfant 49,7; 49,19; 49,23; 49,28, anfans 64,1; 64,12; amander 156,28, santine 185,2 — an statt sekundären en's in tranchant 122,15, tranchans 122,26, tranchiés 95,28.

Das Wort gemme reimt dreimal mit dame 11,7; 27,11; 111,15; unser Dichter wird es also „jame" ausgesprochen haben. fame (féminam) ist in dieser Form für den Verfasser gesichert durch den Reim mit ame 165,10 und fünfmaligen Reim mit dame (2,23; 175,2 etc.). Die Urkunden, in welchen das Wort vorkommt, haben es in der Schreibung fame. - Nur die Urkunde, welche aus der Perche stammen soll, hat nie fame; sie hat das Wort achtmal in der Schreibung feme und einmal in der Schreibung femme.

Die Präposition sans ist immer mit a geschrieben. Dagegen ist immer dedens (oder dedenz) geschrieben, aber leians 8,16; 10,8.

mínor ist in der Form mendre gesichert durch Reim mit descendre 86,25 und mit cendres 177,8 (hier meindres geschrieben).

18) Vortoniges e ist zu a geworden in mana(s)cent (wohl der Assimilation wegen) 187,12. Bemerke deable 157,14 etc. im Ganzen fünfmal, relegion 166,31, decepline 184,19, Phelipe 141,20; 143,14, menistre 155,14. Bemerke anemi 66,25; 124,24; + s 121,29; 123,12 etc. im Ganzen fünfmal. Eine besondere Bemerkung verdient noch die Partikel *ĭnsĭc, welche in den verschiedenartigsten Schreibungen in unserem Denkmal erscheint, theils mit „ein" (so einsint, einsin, einsi, einseint), theils mit „ai" (so ainsint, ainsi (ansint)). In der Form ensi erscheint das Wort nie. — Ist nun doch ensi(c) die ursprüngliche Form und hat sich aus dieser einsi entwickelt? — ainsi wäre dann wohl nur eine verschiedene Schreibung (ebenso, wie a + N durch „ain" und „ein" wiedergegeben wird). — Ueber ainsint und einsint siehe beim Konsonantismus unter t!

IV. Lateinisches ī.

19) Bei betontem ī ist der Reim famaine (*famīnam): balaine (baláenam) 28,17 von Wichtigkeit, da dadurch die Thatsache, dass ī + N zu ē + N werden kann [eine den heutigen Dialekten des Nordwestens eigenthümliche Erscheinung (cf. Görlich l. c. p. 56!)] auch schon für den Verfasser der Mir. de N. D. de Chartres gesichert wird Es sei hier noch der merkwürdigen Schreibung Erwähnung gethan, in welcher Formen des Verbums desīderáre erscheinen: desierre 115,29, desierroit 159,10, desierreit 160,4 (cf. ähnliche Schreibung in der altfranzösischen Uebersetzung der Predigten des hl. Bernhards).

Zu vortonigem ī ist zu bemerken, dass einmal primier 12,28 erscheint, m also hier nicht gewirkt hat, während dagegen in dem (allerdings gelehrten) Worte previleges vielleicht die nachfolgende Labialis ī zu ē abgelautet hat.

V. Klassisch lateinisches ŏ (volkslateinisches ǫ).

20) ǫ hat sich im Französischen zu ue und dann weiter zu eu entwickelt. In der Zeit, in welcher der Kopist unseres Textes lebte, war die Aussprache bereits eu, wie sich aus zahlreichen Schreibungen ergibt. Daneben findet sich allerdings auch noch die Schreibung ue. Da die Aussprache dieses aus offenem o entwickelten eu nun dieselbe war, wie diejenige des aus geschlossenem o entwickelten, man bei den Wörtern, in welchen ursprünglich ein offenes o vorlag, jedoch oft noch den Diphthong historisch ue schrieb, so wurde nun auch oft in jenen

Wörtern ue statt eu geschrieben, in welchen etymologisch nur eu berechtigt war. In den Mirakeln finden sich die Beispiele vueve (víduam) 77,14; 206,31, luer (illőrum) 169,2.

Beispiele für die Schreibung ue sind: cuers 5,14; puez 9,21; muebles 21,31; 25,22 cuer (chŏrum) 37.5.[1])

Beispiele für die Schreibung eu sind: treuve 6,1; 71,22, euvre 34,12; 37,9; 37,11; 40,7; filleul 108,10; 109,31; seur (sŏror 64,27), linceul 65,19, neuve 8,31, veult 17,1.

Einmal findet sich e statt eu geschrieben in evre 84,13. Auch die Schreibung oe findet sich: noęf 30,26, troevent 79,21; 82,5; poet 35,26, voellent 95,15, troeve 206,30, esmoeve 162,7 proeve 162,8. Es sei darauf hingewiesen, dass wir oe hier also nicht bloss in dem Falle haben, in welchem im Lateinischen ǫ das Wort beginnt, wie in ŏpera: oevre, ŏculum: oel. Grade bei dem Worte ŏpera haben wir oe, auch wenn noch ein Buchstabe der Gruppe oe vorangeht: l'oevre 30,27; 31,16; 42,15; 47,9; 81,8, s'oevre 152,10; 154,20. — Siehe auch unter ǫ + N!

Die Schreibung o findet sich in: cor (*cŏrum) 116,6; 116,8; 119,1; 152,6; 169,14; 185,21(?) volent 128,22, ovre („Werk") 133,15, trovent 95,22, (trouvent 128,17), trove 128,18, covre 163,15. [Bei den Verbalformen lässt sich diese Schreibung übrigens durch Einfluss der endungsbetonten Formen erklären (wir finden auch das Umgekehrte — Einfluss der stammbetonten auf die endungsbetonten Formen — treuva 129,17)].

Für ŏculus finden wir in unserem Denkmal die Formen:

1) ielz 109,22; ieulz 118,24 — daneben die daraus entstandene Form elz 50,25, eulz 53,22; 57,21; 89,27; eulx 58,30.

2) ialz 24,15; 30,15; 34,19; 41,26, iauz 51,27; 88,18, iaulz 17,18; 18,2 (ebenso hat sich ǫ + l + s entwickelt in vŏlis: viauz 44,28; 131,15; 131,16; 131,17 vialz 131,20; 139,3 — diese Entwicklung ist der Champagne eigenthümlich.)

Für ŏculum finden wir die Formen oel 112,19 und oil 106,22.

21) ǫ + cum: hier ist nichts Besonderes zu bemerken — die Formen lauten leu (ohne i — i nur in milleu 1769, — auch die Urkunden haben leu mit Ausnahme einer sehr späten (aus dem Jahre 1469), welche (Zeile 4) lieu hat — Reime leus: merveilleus 71,13;

---

[1]) Fölster erklärt merkwürdiger Weise das Wort espuer [:cuer (chorum)] in der Fussnote zu p. 18 durch dehors. Das oft belegte Wort (siehe die Belege bei Schlösser: die Lautverhältnisse der Quatre Livres des Rois, Bonn 1886 p. 40) heisst „Brett", „Balken".

leu: veu 175,24 und auffallender Weise leu (laudo): leu 138,22 (zweiter Vers unvollständig); geus (Reim geus: domageus 19,22); feu; sarqueu — sie zeigen also die gemeinfranzösische Entwicklung. — Erwähnt sei hier auch die Schreibung des Adverbs illo lŏco. Es findet sich in zwei Schreibungen: illec (ilec) 7,25; 15,14 etc. im Ganzen 13 Mal (und ein Mal in U_1 Zeile 14) — ausserdem noch 4 Mal die Form illeques — Summa 17 (18) Mal in der undiphthongirten Form, während die diphthongirte Form illuec nur 5 Mal vorkommt 54,2; 59,22 etc..

22) ǫ + N: Hier ist die Entwicklung von on „man" zu betrachten. Es kommt in den Mirakeln 6 Mal vor und ist immer en geschrieben; von den Urkunden haben es Uc_3 und U_2, ebenfalls in der Schreibung en. —

Ferner sei hier das Adjektiv bŏnus erwähnt. Was die maskuline Form angeht, so finden wir 6 Mal boen (31,4; 36,4; 140,9; + s 138,5; 161,30 und nur 1 Mal bon (2,9). Die feminine Form finden wir 3 Mal in der Schreibung boene (25,11; 96,3; 140,13) und 2 Mal in der Schreibung bone (boune) 40,22; 45,13). — Uc_1 hat ein Mal (Zeile 9) boines.

23) ǫ in geschlossener Silbe gibt hier zu keinen besonderen Bemerkungen Anlass (denn wegen der Thatsache, dass ǫ vortonig und in geschlossener Silbe unter dem Tone vielfach eine geschlossene Aussprache erhalten hat, vergleiche das Betreffende unter au!). — gort hat in unserem Texte ein offenes o, denn es reimt mit mǫrt 53,12; 58,20. Erwähnt sei hier noch, dass in unserem Texte nur die Formen hors und fors erscheinen, keine Form mit diphthongirtem o (cf. hors: cors 50,27; 61,31; 109,19 hors: alors 59,28).

24) ǫ vortonig hat sich zu e geschwächt, so ennor 73,11; 205,4; enneur 71,25; 107,13 etc., davon abgeleitet ennorer 73,21, ennorée 97,14 etc., ennora 39,1, ennorable 187,25; — quenut 60,28; 88,29. (Die Urkunden haben bei diesem Verb theils e, theils o).

In Folge gelehrten Einflusses des Lateins steht wohl Johan (Johen) 91,10; 208,10; 210,28; 29,27 statt des zu erwartenden Jehan. — Bemerke noch die Schreibung eu in preucheine 150,9 (Uc_3 hat prouchaine) und apreuchoit 162,1 — (aprochier hat allerdings wohl im Französischen ein geschlossenes o cf. unter ǫ!) u für ǫ steht in encruchiée 93,24 (von crǫc gebildet). Ueber in vortoniger Silbe zu ou gewordenes ǫ vergleiche das Betreffende unter au.

VI. Classisch-lateinisches ō, ŭ (Volkslateinisches ǫ).

25) ǫ in offener Silbe hat sich zu eu entwickelt, so veu (v.) 16,5 veu (s.) 10,24, preuz 11,20 — o findet sich in hore 135,16. Das Suffix-atǒrem hat sich zu -eeur entwickelt. Beispiele: pecheeurs 29,26, robeeurs 145,4, jangleeur 33,26. Die ältere Stufe -ĕor finden wir noch vor in lecheor 112,22 und jangleor 112,23, ferner pecheor 101,2 und sauveor 101,3. Einmal hat sich -eor nicht zu -eeur (wie in den oben angeführten Beispielen), sondern zu -eour entwickelt, nämlich in dem Worte mireour (miratǒrem) 27,13.

Anmerkung: Fölster hat Unrecht, wenn er in seiner Dissertation (S. 28, § 62) sagt, dass -atórem durch -eür nach normannischer Weise wiedergegeben werde. Die Wörter, welche Fölster zu dieser Annahme bewogen haben, lassen sich anders erklären. Statt vendeurs 71, 7 und acheteurs 71, 8 wird man vendeeurs und acheteeurs setzen müssen, ebenso 206, 11 pecheeurs statt pecheurs· Schwierigkeiten bereiten nur pecheurs 4, 15 und pechieurs 15, 17 — wenn man das räthselhafte i[1]) der letzteren Stelle in e ändern darf (also pechcour statt pechieur), so wäre dieses Unangenehme beseitigt — es bleibt nur das pecheurs der ersteren Stelle, in welchem die Unterdrückung des im Hiatus stehenden e deshalb auffallend ist, weil sonst der sekundäre Hiatus von dem Dichter noch strenge gewahrt wird.

Das Suffix-ōrem zeigt sich im Texte theils als -eur, theils als -our, theils aber auch noch als -or.

-eur findet sich in clameurs 15,18, douleur 12,26 etc. im Ganzen fünfmal, doleur 14,7, greigneur 7,29; 14,14, onneur 2,14, enneur 7,28, esbahiseur 12,18, ardeur 12,25; 13,7; 19,29, pueur 13,23; 13,26; douceur 16,30, fleur 19,7, saveur 79,21 (leur 5,4; 8,18; 14,2; 15,18 etc.)

Beispiele für -our: dolour 4,7, doulour 22,12; 57,23, colour 57,22, poour 116,31; 126,18.

Beispiele für -or: amor 5,25; 6,28; 6,29; 73,8, henor 6,27, ennor 73,11; 128,3, greignor 71,2, doulor 13,20, suor 69,15, criator 38,12; 80,15, poor 33,21 etc. im Ganzen sechsmal.

Der Reim criator: retor 80,15 würde die Entwicklung zu -or für den Dichter sichern und die anderen Schreibweisen dem Kopisten zur Last legen, wäre nicht criator ein Lehnwort. Die Urkunden haben -eur; nur Uc_3 hat einmal -or in seignor Uc_3 8.

---

[1]) „Sohr leicht erklärlich — da der Nom. Sing. pochiere lautet, so wird durch falsche Analogie dieses i in den Acc. mitgenommen." — Förster.

Das Suffix-ósum wird in unserem Texte durch -eus wiedergegeben (für den Dichter gesichert durch die Reime geus: domageus 19,22 und leus: merveilleus 71,13) so: graciēuse 2,2, preciēuse 2,3; 19,7; gloriēuse 19,6, joieuse 23,20, cremeteuse 33,16, greveuse 43,13.

Anmerk.: Bemerke den Reim ailleus (aliōrsum): merveilleus 106, 9.

pour steht nur drei Mal 6,14; 121,3; 126,1, sonst immer por. Die Urkunden haben pour; nur Uc_4 8 steht por. In der Schreibung mit ou kommt nōs viermal (1,15; 21,30, 75,11; 79,6) vōs achtmal (2,19; 3,30; 7,22; 15,1; 75,29; 75,31; 82,8) vor; in der Schreibung mit o das erstere zweimal (33,31; 38,3), das letztere siebenmal (7,28; 48,16; 51,17; 51,24; 53,3; 54,1; 65,6).

28) o in geschlossener Silbe: die Schreibung schwankt zwischen o und ou, ohne dass man sich dafür entscheiden könnte, welche Schreibung die der Aussprache entsprechende gewesen sei. — reproche reimt mit toche 22,11, aprouche mit touche 126,13.

Die auch aus andern Texten bekannte Erscheinung, dass das Verbum cŭrrere in den stammbetonten Formen der beiden Praesentia diphthongirt, findet sich belegt durch queure 122,20 (:seure (sŭpra) seure reimt wiederum mit hōram (eure: desore 37,31) vergleiche den Reim plorent: corent 109,18, (also pleurent: queurent lautlich).

29) o in vortoniger Stellung ist in dem Worte ōráre regelrecht zu ou geworden cf. ourer 116,2, oureit 116,7, ouroit 209,5. ō erscheint als e in Lebin 37,7 (Lubīnum?) — einmal ist dieses Wort Luibin (173,2) geschrieben. Vor einer Nasalis finden wir öfter u geschrieben statt o: confundi 19,28; fundi 19,29, fundemens 47,12, tumbée 98,16, consummée 211,10 (cf. betont sunt 6,8; 56,30 etc. im Ganzen 8 Mal, cum 107,12; 152,24; 179,3 und noch ein Mal, numbre 72,8).

Zwischen Haupt- und Nebenton in geschlossener Silbe ist o zu e geschwächt in volentiers 74,26; 75,4 etc. volenté 114,10; 130,14 etc. (nur einmal volonté $92,2$). —

VII. Lateinisches ū.

28) Für betontes ū ist nichts zu bemerken. — Vortoniges ū erscheint als o in jostise 3,11 und als ou in joustice U_3 7, was nicht auffällt, da jostise auch aus anderen Texten bekannt ist. — Es fällt jedoch auf die Schreibung o statt u in ammoï (*ammūtītum) 35,3; ebenso estoiée statt estuiée 35,14.

VIII. a u.

29) Hier ist die Thatsache zu verzeichnen, dass au in unserem Dialekte unter dem Tone und vortonig wenigstens zur Zeit des Kopisten unseres Textes zu einem geschlossenen o (in der Aussprache zu u) geworden ist, wie die folgenden Beispiele zeigen:

a) unter dem Ton: chouse 17,11; 18,6 etc. — im Ganzen 17 Mal, ausserdem chouse U_2 6, chouses U_2 51; 60,62; U_3 36 (allerdings steht dieser Schreibung des Wortes die andere in fast derselben Zahl im Texte gegenüber: chose 77,21 etc. — im Ganzen 16 Mal, ausserdem chose U_3 16; 18,38, choses U_2 62).

repous (franz. repǫs) 75,2; 93,12, pouvres 67,28; 209,11; (aber povre 35,7); ouse (*ausat) 150,26; 153,12, lous (franz. lǫs) 17,12, ferner die Participialformen von clore und enclore: clous 50,25 (dagegen clos 51,27; 57,21), clous Uc_8 14 (denn dieses ist doch wohl gleich neufranz. clos?), clouse 102,21 und an einer anderen Stelle (dagegen close 161,10 und an einer anderen Stelle) enclous 18,10; 20,17; 39,23 (im Reime mit clous [clávos] — dieser Reim dürfte die Erscheinung auch für den Verfasser sichern), 121,4, enclouses 154,5 — endlich Poul (Páulum) Uc_8 23.

Auch die eine Entwicklung von paucum, nämlich diejenige zu pou (58,23; 76,26 etc. im Ganzen achtmal) ist hier anzuführen. Daneben finden wir paucum noch in der Weise, dass das i-Element zur Wirkung gekommen ist, entwickelt zu poi (poy) 6,1; 7,10; 63,22 etc. — im Ganzen neun Mal.

b) vor dem Tone: ousoit 4,30, ousoient 109,27, ousei 156,24, pousée 179,2, depousé 204,19, repouser 93,13.

Eben dieselbe Erscheinung finden wir bei offenem o, welches in geschlossener Silbe — einziges Beispiel in offener Silbe ist rouse (rŏsam) 78,19, im Reime mit chose — unter dem Tone und vor dem Tone geschlossen wird. Diese Erscheinung ist auch für den Verfasser gesichert durch den Reim couste: touste 131,24 (touste = tŏsta „verbrannt").[1]) Fernere Beispiele sind die folgenden:

a) unter dem Tone: tout (tŏstum) 25,18; 27,16; 56,27; 74,24; 76,4 (?) 187,23; (toust geschrieben) 117,21; 118,9; 163,28; 165,27; U_2 24, tantout 76,5; 16,10; 187,29; 208,31, grous (grŏssum) 92,27, grousse 165,29 (: asousse (*absŏlsam)!); grouses 84,1, ous (*ŏssum)

---

[1]) Die Stelle 131,15 „De vnie main priere est touste" bedeutet also: Die Bitte einer leeren Hand ist umsonst (wörtlich: „verbrannt, verloren").

95,28, oust (hŏstem) 183,13; ouz geschrieben) 179,19, voustre (*vŏstrum) 126,30, nous (franz. nos — Pron. Poss.) 23,4; 23,6; 24,27; 28,27; prevout (praepŏsitum) Uc₄ 2; Uc₄ 12; Uc₄ 15.

b) vor dem Tone: roumans 1,18; 18,25; 59,17; courro(u)ciée 59,3; 94,11, outel (h spitálem) 33,6; 33,6, foussé (fossátum) 56,9; 56,15; 56,29; + s 56,7, souloit 95,14; 108,25; 143,28, avougla 181,16 etc. etc. Aus den Urkunden sei noch angeführt fourfaiture U₂ 35, coumune U₂ 47; 50; (cf. coumence 167,18 in den Mirakeln) — ferner sekundäres o zu ou vor Nasalis in doumage U₂ 21; U₂ 26.

IX. Betonte Vokale + nachfolgendem J-Element.

30) a + J-Element. Die Schreibung schwankt zwischen ai (ay), ei und e. In der Aussprache hat jedenfalls schon der Verfasser nur noch ę gekannt, wie sich aus folgenden Reimen ergibt: lesse: cęsse 12,26; confęsse: lesse 160,12, fes (fascem): confęs 84,31 und deffeite: prophęte 77,19 (prophęte ist altes, von der Kirche eingeführtes Lehnwort und erscheint — abgesehen von der Schreibung ph — wohl nur in dieser Gestalt). — Auch die Reime, in welchen Wörter, welche den Diphthong ai haben, mit solchen, welche auf das Suffix-íttam endigen, reimen, sind wohl hier anzuführen. Wenn auch das Suffix-íttam in den betreffenden Wörtern zum Theil durch -ei wiedergegeben wird, so wird die Aussprache doch wohl „e" gewesen sein. Es sind folgende Reime: fillete: treite 57,14; feite: filleite 53,28; mechineite: treite 100,21.

Die Urkunden haben meistens noch ai; jedoch finden sich in Uc₁ und Uc₂, welche mit zu den ältesten gehören, nur Formen mit e: fet Uc₁ 20 (auch Uc₃ 13; Uc₆ 12) fetes Uc₄ 17, pes (pácem) Uc₁ 9; meres Uc₂ 1.

Anmerk.: Reime, wie celestre: repeitre (repíscere) 71,29 und celestre: nestre 82, 16, sind oben gar nicht angeführt worden, da ai in den betreffenden Reimwörtern vor mehrfacher Konsonanz steht, und in diesem Falle hat ai schon sehr frühe seinen diphthongischen Charakter verloren.

Suffix-atiónem (-asiónem): oroison 171,22; + s 155,8; 207,15, pa(u)moison 171,21. —

oraison 14,1; + s 24,29; pa(u)maison 13,21; raison 21,10; 134,19; desputaison 134,18. —

acheison 158,8; 187,22; reison 158,9. —

reson 13,21; 26,23; 92,20; 132,27; + s 23,30.

31) ę + J-Element: In unserem Texte hat ę + J sich in verschiedener Weise entwickelt. Auf der einen Seite finden wir die

Gruppe in gemeinfranzösischer Weise zu i entwickelt. Auf der anderen Seite finden wir als Ergebniss der Entwicklung e, welcher Laut wohl auf älteres ęi zurückgeht. Vergleiche hierzu Görlich: Die südwestlichen Dialecte der langue d'oïl p. 50 u. bis p. 52 o.

Reime, beweisend für die Thatsache, dass ę auch hier diphthongirt, sind folgende: pris (prĕtium): pris (prēnsum) 102,9; pris (prĕtium): seurpris 125,6; nice: norrice 49,8; descire: empire (impéjorat) 51,30; mie (mīcam): prie 115,2; vie: prie 58,9; prie: aīe 63,1; partie: prie 127,17; dïent: prïent 52,27; s'umilie: prie 124,5; desgarnie: demie 69,5; en mi: ami 143,21; nobile: e(s)vangille (evangélium) 54,27; mille: ivangille 71,21, endlich ist iglise (eglise) = *ecclęsiam in der Form auf -ise durch zahlreiche Reime gesichert cf. 1,11; 9,31; 14,2; 15,15; 17,23; 22,7; 32,11!

Belege im Reime für die Entwicklung zu e sind: les (lĕctos): lés (látus) 91,27; le (*illáei) [:cellé] 156,4 und vielleicht hee 65,1 — reimend mit effraée — denn a hee wird gleich dem französischen „a hie" sein. cf. Godefroy IV 476a Mitte — letzteres führt Diez auf ndl. hygen zurück (cf. bei Diez II c. s. v. hie!) Ausserhalb des Reims finden sich noch folgende Formen mit e: lere (lĕgere) 17,8; let (lĕctum) 44,26 — terner die erwähnte Form des betonten Pron. Pers. Fem. der dritten Pers. Sing.; dieselbe lautet immer le — Ausnahmen sind nur 3,29 (lui); 5,4 (la); 45,31 (li). [Hiernach ist die Bemerkung, welche Görlich l. c. p. 35 Z. 3 u. 4 macht, zu vervollständigen.]

Die ältere Stufe ei, aus welcher sich e entwickelt haben wird, finden wir noch in den Formen teistre 56,1; eistre 56,2; geisent 102,18.

Hier sei noch die Entwicklung von jactare (volkslat. jĭctare) besprochen. In den betonten Formen finden wir theils i (gite 126,28; 149,5), theils ie (giete 149,24; gietent 124,2). In den endungsbetonten Formen finden wir, abgesehen von einmal vorkommendem geté 187,19; nur i (gitez 15,4; gitaient 180,9; gita 53,13; 147,25; 148,28, gitast 160,26).

Vortonig finden wir ę + J-Element theils durch ei, theils durch e wiedergegeben. So finden wir eissir 146,2; 147,18; 148,31; eissi 12,28; 13,24; 58,25; 53,14; 88,2; 102,5; 116,29; 147,21; eissist 146,11; 148,27; eissu 117,8, eissue 56,3, eissue (s.) 23,31. Ferner teissoit 55,25 und teissiere (s.) 55,21 und leison 157,28. e finden wir in essir 180,13, esseit 146,30; 188,18, essi (3. Perf.) 49,3 (essei geschrieben) 188,15, ess(e)irent 74,23, essirent 30,6, estraient 146,9, essue 104,25.

Die Formen, welche i statt zu erwartenden ei's oder e's haben, werden dieses wohl dem Einflusse der stammbetonten Formen verdanken: issoit 164,24; 50,23; issi 117,22, 155,10; 62,4, issirent 182,1, isist 147,1, issi[s]t 177,18 — Uc$_1$ 20 steht istra.

Ferner ist vortoniges ę durch i wiedergegeben in dem sehr häufig vorkommenden iglise (*ecclęsiam) — auch Uc$_3$ 3 steht yglise — eglise, die französische Form, kommt nur ganz vereinzelt vor: so z. B. 1, 1; 65,8; 73,7.

32) e $\vdash$ J. Das hier zu besprechende Suffix-ĭtia hat sich auf dreifache Weise entwickelt:

a) zu -ise: servise 2,14; 5,29, 7,11, franchise 5,30, faintise 20,28.

b) zu -esce: richesce 18,19; 76,22; $\vdash$ s 22,3; detresces 22,4, prōesce 102,19, humblesce 96,18, 111,17; 114,23; tristece 54,5; leesce 54,6; 119,10; 76,21; forteresce 83,24; 102,20, parfondesce 83,25, apresce 162,10, veillesce 89,9, feiblesce 90,27, genesce 90,28 — diese Schreibung findet sich auch in der Champagne — nur graphisch verschieden hiervon sind die Formen parfondeice 98,11, tristeice 30,17 — ferner richece 184,27 — ferner leesse 30,18.

33) ĭ + Gutt. + l und ĭ + l + i: wir finden zwei Entwicklungen in unserem Texte; die eine Entwicklung ist diejenige, welche wir im Francischen und im Neufranzösischen wiederfinden; so eveille 8,22, oreille 8,23, veille 40,28; 97,23, conseil 7,19; 7,21, merveille 40,29, apareille 67,6, corbeilles 72,2, pareille 78,30; 176,6. In den Urkunden finden sich folgende Belege für diese Schreibung: veille Uc$_6$ 13; vermeil U$_5$ 40.

Die andere Entwicklung ist dem Dialekte der Champagne eigenthümlich. Beispiele dafür sind: voille 19,16, mervoille 96,24; 118,19, mervoille (3. Praes.) 118,20, (mervoillable 124,26). Die Urkunden bieten an Belegen hierfür: voille Uc$_4$ 3, vermoil U$_5$ 6; U$_3$ 23; U$_5$ 27; U$_5$ 34, vermoilles U$_5$ 42.

Tritt noch ein s hinzu, so findet die ebenfalls aus der Champagne bekannte Weiterentwicklung zu auz (aus) statt: ortaus (artículum) 93,30; 94,15; vermaus (reimend mit fermaus, Plur. von fermail) 40,12. In den Urkunden findet sich: vermaux lat. U 36, soulaux U$_5$ 27 (-s lículos).

34) ǫ + J: ǫ + J hat sich theils, indem ǫ diphthongirte und dann aus dem Triphthong uei ui wurde, zu ui entwickelt, theils aber

auch, indem ǫ undiphthongirt blieb, zu oi. Dass die letztere Entwicklung unserem Dialekte nicht fremd geblieben, beweisst der Reim troisse (Conj. Praes. von trover): angoisse 65,10. Auch in den Urkunden finden wir einen Beleg: oict Uc₆ 9, wenn dieses nicht latinisirende Schreibweise ist.

Im Texte finden wir ausser dem Reime noch folgende Belege: voil (vŏlio) 1,18; 18,31 etc. im Ganzen sieben Mal, mit einer kleinen Veränderung in der Schreibung voill 7,26; 17,14 etc. im Ganzen 12 Mal. Ferner sehe ich in der Form trois des Verses 73,28 (cf. den Anhang „Textkritische Bemerkungen".) die erste Pers. Praes. Ind. von trover, entsprechend der gemein-französ. Form truis (trǫ- + J + s). [Nach dem hier Gesagten ist das von Görlich l. c. p. 49 Z. 24 u. 25 Bemerkte zu berichtigen.]

Die Gruppe ǫ + J ist, wenn sie vor dem Tone steht, meist durch oi wiedergegeben. Belege hierfür anzuführen wird nicht nöthig sein.

Für ui finden sich nur 6 sichere Beispiele: puissant 169,5; 206,28, puissance 148,22; 206,26, acuilli 5,17 und in einer Urkunde acueillir Uc₃ 6. — Zweifelhaft ist es, ob cuita 93,13 statt coita steht.

35) au + J: hat, wie im Gemeinfranzösischen, den Diphthongen oi ergeben. Dieser Diphthong oi ist zur Zeit unseres Dichters in dessen Dialekt schon mit dem aus ę entstandenen Diphthongen oi zusammengefallen, wie die Reime joie: coie 10,6; voie: oie 48,11; joie: voie 80,9; voies: joies 133,27; joie: voie (3. Praes. Conj.) 174,4 beweisen.

36) Der Diphthong oi (Anhang zum Vokalismus). Im Folgenden wird nicht allein von dem aus geschlossenem e in offener Silbe und aus ę + J entstandenen oi, sondern auch von dem aus au + J endstandenen Diphthongen die Rede sein, ohne dass ein Unterschied zwischen jenen (ursprünglich ja verschiedenen) Diphthongen gemacht werden wird, da dieselben zur Zeit des Dichters in unserem Dialekte schon zusammengefallen waren.

Wir finden bei der Untersuchung des fraglichen Diphthongen für unseren Text die auffallende Thatsache, dass derselbe in der verschiedensten Weise, bald durch oi, bald durch ai, bald durch ei, bald durch e in der Schreibung wiedergegeben wird, und dass derselbe mit Elementen, die ganz anderer Herkunft, als er, sind, reimt.

Zuerst mögen hier Belege für die verschiedene Schreibung folgen:
a) für oi: quoi 1,9; 2,15, manoir 1,13; 1,14, françois 1,19, estoile 2,5, voie 5,2, trois 9,9, fois 9,9, voi 9,13, savoir 5,24, voirs 6,8

etc. etc. — ferner 229 3. Pers. Sing. Imp. und 71 Mal estoit und 110 Mal avoit — Summa 410 — ferner 85 3. Pers. Plur. Imp., dazu 25 Mal estoient und 21 Mal avoient — Summa 131 Mal — ferner 32 3. Pers. Sing. Imp. Fut., dazu 4 Mal seroit und 2 Mal avroit — Summa 38 Mal — ferner 11 3. Pers. Plur. Imp. Fut. Die Urkunden haben durchgängig oi; die Beispiele, in welchen nicht oi steht, werden im Folgenden an der betreffenden Stelle angeführt werden.

b) Beispiele für ai: fiaie (1. Pers. Imp.) 7,16, saient 38,20, craient 38,21; 170,27, vaient 41,28, craire 28,23, offraie 134,9, recevraie 135,31, cortais 124,26, daie (3. Praes. Conj.) 134,2; 151,16, seraie 134,8, taises 98,8, trais 98,10; 104,49, quai 100,6; 101,2, emplaie 86,7, gabais 113,31, segraie 140,29, quaie (*quétam) 140,30, craies 139,2, provaire 154,28, trespassaie 142,21, saies 160,11, benaite 158,17, ençais 182,16, tai (tē) — poair 19,10; 180,12, soair 23,29; 118,17; voair 39,14; 78,23; 115,12; 118,18, porvoair 78,24, choair 86,22. — Hierzu kommen noch 26 3. Pers. Plur. Imp. und 4 3. Pers. Plur. Imp. Fut. auf -aient. — Die Urkunden haben an Beispielen für ai folgende: otrai $U c_2$ 2, mais $U c_3$ 13, deschaaite (statt descheoite?) U_1 57, orfrays Zeile 33 und sarazinaizes Zeile 43 der lateinischen Urkunde, orfrais U_2 21 orffrais U_4 33.

c) für ei: valleir 17,6, aveine 40,9, creire 48,13, recreire 55,6, pōeir 63,10; 182,26, reide 125,27, ueires 81,19, feible 89,11; + s 91,17, estreit 147,7; endreit 147,21, segrei (secrétum) 138,23; 154,7, crei 163,30, veil (franz. voil) 166,10, dei 112,8; 154,2, veirre 49,17; 49,22, aperceive 56,17, seit 113,4; 186,9; 208,1, deit 149,28, tornei 127,14, seis (sītem) 75,23, Leire 107,22, teille (tēlam) 175,11, sei (sē) 93,21; 108,4, tei (tē) 113,20. Hiezu kommen 51 3. Pers. Sing. Imp. und 3 Mal estait, ferner 2 3. Pers. Sing. Imp. Fut. auf -eit und ein Mal avreit und 1 Mal sereit. Die Urkunden bieten an Belegen: aveines $U c_1$ 13, borgeiz $U c_6$ 3, tourneis 6,9.

d) für e: se 153,28, pōër 210,14; 210,15; 210,17, tonnerre 84,15, erre (Verbalsubstantiv von errer (ïteráre) 81,16; 156,4, presme (franz. proisme) 186,4. Ausserdem gehören noch hierhin 29, 3 Pers. Sing. Imp. und 3 3. Pers. Sing. Imp. Fut. auf -et. Von den Urkunden hat nur U_1 ein Beispiel, nämlich Zeile 7 avene. [Die Formen espes 101,25; 104,7; espesses 81,20 und espessement 81,22 sind nicht verzeichnet worden, da wir in ihnen die regelmässige Entwicklung von spīssus vor uns sehen, während die gewöhnliche altfranzösische Form espois, espoisse auf einen Typus *spícsus zurückgeht. — Allerdings heisst in unserem Text das von dem Adjektiv abgeleitete Verb espoissier 81,18.]

e) oe ist geschrieben statt oi in oee (*aucam) Uc 8,18.

Sekundär aus ė = ei entwickeltes oi reimt in unserem Texte mit etymologischem ai, wie ein Gleiches aus dem Rosenroman, aus Guillaume Guiart's Chronik und anderen Texten bekannt ist — cf. folgende Reime: provaire: vicaire 154,28, verai: roi 44,6; droite: contraite (contráctam) 47,7; detaire: (*datárium): Leire (franz. Loire) 107,21; poie (s. v. von paiier, also = paie): voie 40,22; ferner folgende Verbalformen: fiaie (1. Imp.): plaie (plágam): 7,16; voiaient: aient 38,24; plaie (plágam): emplaie (implícat) 86,6; craies: veraies 139,2; seraie: veraie 142,19; aperceive: eive (áquam) 56,17, [voient: esmoient 13,15; moi: esmoi (1. Praes.) 65,2; 169,7] contraire: craire 38,22; creire: tere (*tácere) 48,13.

Beachte ferner folgende Reime, in welchen oi mit e in geschlossener Silbe reimt: veirre (vítrum): terre 49,17; mendïe(s)t: est 91,12; remüet: müet (mutíttum) 35,17; 112,24 (allerdings der Reimvers zu 112,24 zweifelhaft); erre (= oirre s. v. von errer): querre 156,4. Aus den im § 35 angeführten Reimen ergab sich, dass alle oi in unserem Texte dem Lautwerthe nach bereits zusammengefallen waren. — Aus den vorhin angeführten Reimen ergibt sich, dass dieser Laut oi durch oę hindurch schon zu ę geschwächt war, so dass oę und ę in unserem Texte neben einander sind.

Anmerk. 1. Die oben unter b) erwähnten Formen soair, voair, porvoair, choair sind wohl entstanden, indem aus ursprünglichem veoir: vooir, aus seoir sooir, aus cheoir chooir wurde; der vortonige Vokal veränderte sich, ehe der Diphthong oi sich weiter entwickelte. [Nach Förster eher ve-oir: ve-oęr: vo-ęr — ebenso die anderen.]

Anmerk. 2. In der französischen Gruppe e(oi) hat in unserem Dialekte öfter Umstellung (e(oi) umgestellt zu (oi)e) stattgefunden. Tobler hat schon vor Jahren diese Thatsache in der Kuhn'schen Zeitschrift für vergleichende Sprachforschung erwähnt (Band 23) und sich auf die Mirakel von Chartres bezogen. Die Thatsache wird sichergestellt durch die Reime desvoier: voier (-veoir) 5, 3 ebenso voier; forvoier 104,9, ferner durch den Reim ovröer (-ovreoir (operatórium): jöer 55,24. *(Nach Förster einfach oi gleich oę. Weitere Belege für die Erscheinung sind im Texte Ben(oi)et 13,30; miröer (miratórium) 23,12 terröer (tèrratórium) 23,13 und (terrouer geschrieben) 67,26; in den Urkunden terrouer U U$_1$ 5; U$_1$ 9; Uc$_4$ 7; Uc$_4$ 8; Uc$_4$ 10; dolouere U$_4$ 4; fermouers U$_4$ 5; pressouer Uc$_2$ 27. (Aehnliche Schreibungen finden sich im Mont. St. Michel, cf. Huber l. c. § 13)

Anmerk. 3. Während einerseits so oft ai geschrieben wird, wo die historische Schreibung oi verlangt, kommt andererseits, wenn auch ganz vereinzelt, die Schreibung oi statt ai vor. Es findet sich nämlich poie statt paie 40,22 und vortonig poié statt paié 40,25 und U, 11. Ebenso findet sich oi statt e in acovoitez 85,16), denn dieses Verb kann nicht acovoiter lauten, sonst müsste das Bartsch'sche Gesetz in Kraft treten, (cf. Fussnote zu p. 10).

Zusatz: Auch in der Verbindung ę + N muss sich ę in unserem. Dialekte zu oi entwickelt haben. Die Schreibung wechselt in unserem Texte zwischen oi, ai und ei. So steht oi in: moins 5,27; 153,8; voine 50,24; moine (*mínat) 160,7; poine 17,7; 89,12; 89,14; 89,15; 160,8; 167,27.

ai steht: mains 99,27; plaine (plénam) 167,14 — ausserdem faing (foénum) Uc, 25 der einzige Beleg, welchen die Urkunden für die Gruppe ę + N bieten.

ei findet sich in: meins 75,25; 95,14; 152,9, meine (*mínat) 25,3; pleins 68,2; aleine 50,23; diemeine 151,2.

Die Gruppe ę — N reimt in unserem Texte mit der Gruppe a + N, wie sich aus folgenden Reimen ergibt: meins (mínus): meins (mánus) 145,2; 151,3; plein: pein 35,5, plein: mein 50,13.

pleinne: seinne (sánam) 44,27; humaine: plaine (plénam) 67,13; charteine (Chartres + -ánam): pleine 181,22; fontaine: pleine 211,7; peine: leine (lánam) 150,13; vaine: moine (mínat) 131,7, humeine: diemeine 151,1.

desjointes: empointes (*impánctas?) 84,9.

Hiatus.

41) Sekundärer Hiatus wird vom Dichter noch streng gewahrt. So findet sich noch: receü 72,10; 88,4; Éüre (dreisilbig, reimend mit escriture — lat. Audúram = neufranz. Eure) 92,22, Marcheant 210,28; mescheant 210,29, ëur 123,17. aseürance 141,27, maumeteüre 176,21 R, fermëures 29,23.

In einer Anzahl von Fällen ist zwar der Hiatus unterdrückt, aber fast immer rührt die Unterdrückung vom Kopisten her, da die Silbenzahl der betreffenden Verse die Erhaltung des Hiatus verlangt. Auf Grund dieser Thatsache ist zu setzen Beneoit statt Benoit 11,19; 11,20; 14,13; 14,15 (allerdings benaite 158,17 und benoite 1,2, dreisilbig — an letzterer Stelle könnte man tres streichen und alsdann beneoite setzen), mescheance statt meschance 24,24; 61,1; 97,7; aage statt age 93,18 (cf. aage 108,17; 110,21!), prëissent statt prissent 103,13; empeeche statt empe(s)che 131,11 und preeche statt preche 131,12 (cf. empeeche 162,28 viersilbig, prescher 38,8 und preeche 208,14 dreisilbig — die beiden Verba werden allerdings vom Dichter auch schon oft mit unterdrücktem Hiatus gebraucht cf. 129,27; 130,22; 168,27; 130,11; 103,30! — ebenso preschement 130,4, preschieres 130,5!)

Da wir den Dichter sonst den Hiatus so streng bewahren sehen, so müssen wir uns wundern, dass er in folgenden Fällen den Hiatus unterdrückt hat: jeunes (jejúnum) zweisilbig 24,29; 207,17 (aber jĕuner 29,2 dreisilbig); eut (altfranz. ëust) einsilbig 36.17; (cf. Textkritische Bemerkungen!) eu einsilbig 89,3; esmeue dreisilbig 207,17 (si zu streichen); voir (vídére) einsilbig 133,30; rançonnerent 145,13 (aber rāīnçon 145,10); prone (wenn von praecónium) 168,27.

Anmerk. 1. Hier sei erwähnt, dass in verai theils das e noch erhalten (cf. 116,10; 139,1!), theils unterdrückt ist (cf. 87,24! — allerdings noch verai geschrieben).

Anmerk. 2. h ist zwischen die beiden im Hiatus stehenden Vokale eingeschoben in ahert 98, 22; Johan 29,27; 91,10; 210,28; 208,10 (hier Johen geschrieben).

B. Konsonantismus.

42) **Verstummen der auslautenden Konsonanten**: Im dreizehnten Jahrhundert war der Konsonant am Ende eines Wortes stumm, wenn das darauf folgende Wort mit einem Konsonanten begann. Ausgenommen von dieser Regel waren nur die Liquidä m, n und r. (cf. Stürzinger, Orthographia Gallica Nr. VIII (p. 17—18). Wenn diese Regel also schon für die Zeit des Verfassers unseres Gedichtes gilt, so gilt sie um so mehr für die Zeit des Kopisten (Ende des 14. Jahrhunderts). So finden wir z. B. unter der eben angegebenen Bedingung l in dem Pron. Pers. il oft nicht mehr geschrieben — nur einmal (81,12) steht i statt il bei nachfolgendem vokalisch anlautendem Worte, sonst folgt immer ein konsonantisch anlautendes Wort. Umgekehrt finden wir, da l in dem betreffenden Fall nicht mehr gesprochen wurde, il statt i (35,19) und sil statt si (82,5) geschrieben.

Für die Thatsache, dass auch schon der Verfasser End-t selbst in dem Falle, wenn es am Ende des Verses steht, nicht mehr gesprochen hat, lassen sich als Beweis folgende Reime anführen: respondi (3. Perf.): di (Imper.) 9,19; eissi: ainsi 12,28; esbahi (Part.): esvanoï (Perf.)

13,19; respondi: di (Praes.) 15,19; eclardi (3. Perf.): mardi 37,23 di (Praes.): rendi 166,30; oī (3. Perf.): esbahi (Part.) 178,19.

Auch End-s und End-z hat der Verfasser am Ende des Verses nicht mehr gesprochen — vergl. die Reime murs: assēur(s) 180,9; tentes: dolente(s) 183,26; parfonz (Sing. Obj. also gleich parfont): fonz (fŭndus) 56,7.

1.

43) l + nachfolgendem Konsonanten ist im Texte vokalisirt worden, oder ist ausgefallen.

a) a + l + Cons. ist zu au + Cons. geworden, so paroissiaux (: tropeaux) 41,11; leiaus (:seiaus) 138,9. Auch wenn ein Wort mit l schliesst und das folgende Wort konsonantisch beginnt, vokalisirt das l des betreffenden Wortes cf. mau 33,31; reau 83,18.

b) ę + l + Cons. ist zu -eau oder -iau geworden (cf. 14) beachte noch hiaume 84,28; 183,25; + s 181,26.

c) ẹ + l + Cons. ist zu eus oder aus geworden cf. 16)!

d) ī + l + Cons. — Hier ist nur der Reim fil (Sing. Subj.): peril (Sing. Obj.) im Texte vorhanden, aus dem sich nichts schliessen lässt.

e) ǫ + l + Cons. — Hier ist cop (*cǫlpum) zu beachten, wo also l spurlos geschwunden ist. cop steht 87,6; 87,19; 123,3; + s 123,11; einmal findet sich jedoch auch die Schreibung coup 93,13,

f) ọ + l + Cons. ist zu ou geworden, so douce 6,26; 7,3.

g) Hinter ū ist l, wenn darauf noch ein Konsonant folgt, ausgefallen, wie die Reime tenus: nus 29,9 und venus: nus 71,15 lehren.

Anmerk. 1. l ist sehr oft überflüssig geschrieben: voult (vŭltum) 60,28; 64,5; 71,10; 71,11; souls (sŏlidos) 12,9; eulz (ĭllos) 73,9; ebenso euls 101,10; aqueult 52,2 couls 60,9; besonders häufig bei mŭltum, das überhaupt nur in den Formen moult (so 7,10; 8,25 etc.) und molt (4,1) erscheint („im Kodex wird immer ml't stehen, was der Herr Abbé verschieden aufgelöst hat", F.).

Anmerk. 2. l ist noch in der Schreibung vorhanden (obgleich es in den betreffeuden Wörtern sicherlich den Laut u wiedergibt) in balme 78,19; volsist 107,8 vielz (vŭlis) 113,13; velt (vŭlit) 132,6; cels (ecce ĭllos) 78,21; 78,25; 94,13 etc.; els (ĭllos) 94,23; 94,26 etc. Zweimal steht l dort, wo ihm im Lateinischen kein l, sondern ein u entspricht, nämlich in dels (dŭōs) 33,13 und in hainels (haine + -ōsum) 33,5, cf. über diese Erscheinung Suchier: Aucassin und Nicolete zu 2, 39 — besonders in den Predigten Bernhard's findet sich häufig l statt etymol. u's geschrieben. Das letztere Wort steht im Reime mit cruels (*crudális), woraus folgt, dass wir, dem Lautwerthe nach, crueus zu lesen haben (ebenso haben wir ja auch chateus und osteus gefunden cf. 2!).

Anmerkung 3: Sehr oft findet sich doppeltes l geschrieben (es wird wohl meistens mouillirtes l bedeuten) so in uille (ŏleum) 77,16; 143,8; 145,25; huille 77,19; filler 150,13; 151,13; 151,29 R (:guiler), ebenso die davon abgeleiteten filloit 150,14; filla XXV; fillé 150,20; fillace 151,6 (nur einmal fiIer mit einfachem l 151,19). Ferner steht ll in vcullent 206,6; voulloient 122,11; voill (volio) sehr oft; mallice 134,20; estoille 175,4; cellé[e]ment 185,28; valleir 17,6; vallent 18,15; toille (tĕlam) 17,5 und (teille geschrieben) 56,1.

Anmerkung 4: In manchen Wörtern, in welchen wir sicher mouillirtes l anzunehmen haben, finden wir die Mouillirung des l nicht durch die Schreibung il (ill) ausgedrückt: deul (*dŏlium) 30,17; baaller 70,18; quenoulle 150,15 (quenoille jedoch 151,20); s'agenoulla 171,17 (in den zuletzt angeführten Wörtern wird also mouillirtes l durch ll, statt durch ill ausgedrückt).

Anmerkung 5: Der einzige Reim des Textes, welcher mouillirtes l mit nicht mouillirtem l gebunden zeigt, ist 48,23 ville: fillc (ffliam).

Anmerkung 6: Räthselhaft ist es, warum l immer an que angehängt wird, wenn dieses in der Wendung ne — que „ebenso wenig — als" vorkommt (cf. 6,2; 82,15; 168,4!) [„vielleicht eine falsche Auflösung der Abbreviatur in der Handschrift" F.].

r.

44) r vor Konsonanten ist verstummt, ein Vorgang, der auch aus anderen Dialekten bekannt ist. Beweisend dafür sind die Reime: Chartres: emplatres (emplástrum)· 13,1 und arse: chasse 22,13.

Ferner finden wir die Schreibungen agent (argĕntum) 27,23; reve(s)chier statt reverchier 59,14; me(s)credi statt mercredi 14,9 (auch Uc$_6$ 13); — oliens (Aureliánis) 74,2; paler 141,11; paller 138,11; 138,27; 139,8; palant 117,30; palloit 187,16; pallement 102,29; Challes 179,11; 179,15; 180,28. (Ausser den zuerst erwähnten drei Wörtern liessen sich diese Schreibungen auch dadurch erklären, dass man annähme, r habe sich dem folgenden l assimilirt.)

Unterdrückt ist r in chartain (Chartres + -ánum) 181,6 etc. (auch U_1 15).

Wandel von r in l ist eingetreten in auvoirre (arbítrium) 54,21.

Versetzt ist r in quarneaus (*crenĕllum) 181,7.

Ein r ist angehängt worden in dem bekannten Worte celestre 71,29 R; 82,16 R; 116,14 R; 165,5 R.

Auffällig ist die Schreibung von doppeltem r in celebrerroit 159,27 und pecheresse 159,29; 161,7 und seinturres 130,10. Statt lateinischen dr's steht rr in desierre (desíderat) 115,29; desieroit 159,10; ocirre 120,16 — statt tr's rr in norrisseit 108,4 und fuerre 136,18.

Statt lateinischen doppelten r's finden wir einfaches r geschrieben in chareite (franz. charrete) 103,17 und orible 210,8.

m.

45) Zweimal ist b für m eingetreten, nämlich in flambe 12,22 und efflambe 12,23.

n steht im Silben- und Wortauslaut statt m, woraus hervorgeht, dass in der Aussprache kein Unterschied zwischen beiden bestand.[1]) Beispiele: hunblement 135,4, conbatables 138,20, enpire (s.) 210,26, enpire (v.) 210,27; chanpions 138,20, enprés 121,13; 127,15; aconplir 144,9, conpaignons 182,20, tonbe (túmbam) 187,3, menbres 113,27; 210,1, plon 19,29, fein (fámem) 69,27.

Umgekehrt findet sich omcore 54,22, statt oncore und Amdré (Andreas) Uc_4 4.

Zwischen m und n findet sich p in sollempnité 26,9 und dampnée 5,21.

nn steht statt mn in danné 187,21.

n.

46) Uebergang von n zu r findet sich in geuvre (im Texte immer geunre gedruckt) 49,8; 59,23; 63,18; 74,22; 93,18; 97,28 etc. (cf. juevre: descuevre Cligés 2861!).

Der Lautlehre gemäss sollte n vor f in infántem ausfallen. Trotzdem finden wir meistens die halbgelehrte Form enfant. Nur dreimal finden wir effant geschrieben, nämlich XIX; 108,4; 210,13.

Der silbenschliessende Nasal wird dreimal durch die Schreibung gn wiedergegeben: in tesmoign 80,12; 207,10; tesmoignz 178,7 — in den Urkunden dreimal durch ng: tesmoing Uc_2 16; U_1 16; ung Uc_2 10.

n zwischen Vokalen ist palatal geworden in enterigne 6,26, das jedoch mit raïne reimt, ferner in enterignes (: hymgnes 41,21) — (vergleiche jedoch noch die Reime divine: enterine 117,10 und fine: entèrine 128,14!) So wird die Schreibung gn statt n auch in pugni 206,12 und pugnicion U_3 32 dem Schreiber angehören und keine lautliche Thatsache darstellen.[2])

In folgenden Fällen ist n palatal geworden, wo s vorher ausgefallen ist: meignée 97,8 und megnée 211,16; vignéz 57,31 (vicinátum

---

[1]) „Doch ist die Schreibung unsicher, da die Handschrift wohl oft die m und n im Auslaut durch den Abbreviaturstrich bezeichnen dürfte." F.

[2]) Förster bemerkt jedoch hierzu: „ni = ñi ist ganz natürlich und in vielen Sprachen durchgeführt; es kann also ganz gut die Spracho des Schreibers wiedergeben".

— cf. voisiné 5,19!); digner (im Reim mit destiner) 108,23. Wider Erwarten findet sich doppeltes n statt eines palatalen n in vergoinne 153,28; dasselbe reimt jedoch mit besoigne; es ist also sicher hier in der Aussprache ñ gewesen.

Oefter findet sich doppeltes n in dem Text geschrieben: bonne 111,14; 132,27; 133,15; 133,16, sermonne 142,14, donne 142,15, sonner 159,16, aumonnes 207,16, geunne 43,3, vileinne 43,14.

Zwischen n und r wird d eingeschoben, was für den Verfasser durch den Reim mendre (mĭnor): descendre 86,26 gesichert ist. Nur einmal ist vom Kopisten vinrent geschrieben. Vergleiche noch die Reime greindre: geindre 158,2; ateindre: greindre 68,28.

n selbst ist eingeschoben in dem gelehrten Aquinteine 120,12.

t.

47) Hier möge das in unserm Texte häufiger vorkommende Adverb soudement „plötzlich" genannt werden. Da das Etymon subitamente ist, so erwartet man soutement, ebenso wie man dŭbitat zu dọte und débita zu dẹte entwickelt findet. Von subitanum findet sich auch eine Form soutain. [cf. über unser Wort Förster, Anm. zu Vers 3421 seiner Ausgabe des Lyoner Yzopet — zuerst erwähnt ist soudement bei Tobler Mittheilungen I, Glossar.]

Ausser den bekannten Beispielen für die Erscheinung, dass t an im Auslaut stehendes n herangetreten ist, nämlich tirant 179,16 und 179,20 (Volksetymologie und mit dem Part. Praes. von tirer verwechselt?) und païsant 11,21; 13,29; 167,24 R finden wir t hinter im Auslaut stehendem n in folgenden Eällen: consent (statt consens) 188,3; seint (sĭgnum) 118,4, dont (franz. donc) 180,30; 184,10, ausint (aliud sic) 72,14; 88,7; 112,22, ainsint 10,14; 10,20; 12,21 etc., einsint 3,11; 6,25 etc. — Daneben noch zweimal ansint und einmal einseint. — [Sollte in dont, ausint, ainsint mit seinen Nebenformen nicht t für c verlesen sein? c würde sich besser erklären lassen als t in ausint und ainsint, denn c wäre ursprünglich in diesen Wörtern (aliudsic, insic) und die Einschiebung von n vor einer Gutturalis ist ja durch Beispiele gesichert (cf. ingal statt igal)].

t ist, abweichend vom emeinfranzösischen, ausgefallen in vuie (*vŏcitam) (43,20 und 131,22 im Reime mit ennuie) und in voier (vŏcitáre 115,10, ebenso voié 76,30; 79,9 (cf. das aus dem Oxforder Rolant und Benoit von Sainte More bekannte cuiier statt cuidier und provenzalisches cuiar!). Daneben finden sich auch Formen des erwähnten Verbs mit erhaltenem d: 25,16; 62,6.

d.

48) Hier ist nur zu bemerken, dass de usque in dem Texte die Form dusque ergeben hat. Sie steht 76,27; 83,26; 84,3 etc. im Ganzen 17 Mal. Nur ein Mal erscheint jusque 98,10.

s.

49) s vor Konsonanten ist verstummt. Belege sind: boidie 114,18; en elle pas 117,16, ëut 36,17; 123,9, inel 125,18, arrena 137,12, tot 182,3. Dass das eben Behauptete auch schon für die Zeit des Dichters gilt, beweisen die folgenden Reime: escrit: crist 19,18; 20,17; 73,19; 171,30, vëistes: merites 78,31, mëismes: primes 88,27; mendïe(s)t: est 91,12, umgekehrt 100,31; amonete: mete 128,12, amoneste: me(s)te 132,24, ove(s)ques: evesques 178,27, saetes: arbalestes 181,12. Da der Kopist s, obgleich es verstummt war, dennoch überall, wo dasselbe etymologisch berechtigt war, schreiben wollte, wurde er verleitet, es auch zu schreiben, wo es, der Etymologie gemäss, falsch war. In unserm Text finden sich auffallend viele Belege für diese Erscheinung. Hier mögen die meisten folgen:

mestre 73,17; 96,25 etc. im Ganzen sechsmal; promestre 27,22; mest 138,10; promest 138,10; meste 132,25; mestent 85,12; mestoit 85,21 (ob der Kopist durch das sigmatische Perfekt und Particip. Praet. Pass. veranlasst worden ist, s auch in den übrigen Formen von mîttere zu schreiben?)

lestre 19,1; 26; + s 129,2; 138,9.

puëst (Imperf.) 5,7; mendïest (Imperf.) 91,12; vendrest (Imp. Fut.) 97,5.

deïsmes 73,24; distes (5. Praes.) 208,12; dist (3. Praes.) 64,31, list (3. Praes.) 133,3.

pellestes 94,16; meschineste 98,2; charreste 16,19; 16,23; + s 40,5; fleurestes 138,15; nouvellestes 188,16, petiteste 63,15; grandeste 63,16.

neste 142,25; nesteoit 84,8; empeschiéz 103,30; guestaient 122,10; esvesché 74,2; esvesque 18,21; 48,9; 178,16; peschié 151,24; + s 23,1; resgëi 165,24; fest (factum) 97,25; ebenso feste 149,7;

ajustoire 173,17; voste 19,27; 47,12; 106,18; chapistres 128,29; illesques 118,17; escrist 19,19; esvangile 54,28; alestoit 48,27. tost 109,16?

50) Vor e ist einmal c statt s geschrieben: celle 10,21 = s'elle; ferner vor i c statt s in ci 98,28; 154,25 (?).

Stimmloses s im Inlaut ist zweimal durch c wiedergegeben in fauceté 38,27; 178,9.

Häufig wird doppeltes s durch einfaches s wiedergegeben: resemble 9,2; 50,12; 96,16; aserant 135,17; mesage 141,22; isist 147,1; trouserent 81,7; fusent 152,24; asistrent 180,3; asegié 180,5; asoust 165,26; asousse 165,28; asoute 161.8; poisance 172,22; puise 21,2; asemblent 52,13; desus 53,3; 60,9; 81,7; angoise 61,26; resuscita 62,11; pouse 132,12 und pousée 132,13. Stimmloses s reimt mit stimmhaftem s 106,7 devisent: avenissent und 132,12 pouse: chouse.

51) Zwischen s und r wird t eingeschoben: remistrent 76,31; pristrent 81,4; quistrent 30,28; coustroit 96,1; mistrent 85,31; promistrent 26,6.

52) Auslautendes s wird bald durch s, bald durch z wiedergegeben, ohne dass sich bestimmte Regeln darüber, wann s oder wann z steht, aufstellen liessen.

Zuerst mögen hier Beispiele folgen von solchen Wörtern, in denen nach den für das Gemeinfranzösische geltenden Regeln z geschrieben werden müsste:

grans 40,6; 81,6; Rolens 83,16; fons 83,26; tiers 35,27; parens 88,4; ens 84,23; pars 11,1; 32,9, romans 11,16; 11,9; (roumans geschr.) 18,25; mesdisans 34,1; tors 39,14; jors 31,3.

aviés 79,9; devés 73,2; entendés 53,4; rendés 53,5; avés 11,4; 75,30; 79,2; osés 75,29; öës 37,10; porrois 75,7; orrois 32,22; troublés 23,15; perillés 85,18.

sous 86,8; dis 16,8; 34,3; fes 33,30; les 37,9; haus 42,20; bras 52,1; preus 70,15; assés 66,10; 68,28; tous 78,9; tretous 85,31. Das einzige hierhin gehörige Beispiel aus den Urkunden ist ccns (cĕntum + s) Uc, 21.

Belege für die Erscheinung, dass z geschrieben ist, wo man s erwarten würde, sind:

telz 73,12; sanz (sĭne + s) 80,11; chauz (cálcem) 81,6; desuz 84,30; poiz 176,2; lez (illós) 46,5.

Mehrmals reimt s mit z tenus: nus 29,9; venus: nus 71,15; diz [= franz. dis (dĕcem)]: diz (*dīctos) 178,7; puis: puis (pŭteus) 98,5. [1])

K.

53) c vor a und o im Anlaut und im Inlaut hinter Konsonanten wird in unserem Texte regelmässig zu ch. Von der dem Kopisten des Turpin eigenthümlichen Gewohnheit, dieser Palatalis ein i hinzuzufügen, finden wir auch bei unserm Kopisten eine Spur, nämlich trenchia 34,25 (cf. eidia 46,6). Siehe darüber bei Görlich „Südwestliche Dialekte" etc. § 99!

54) Wie vorhin bemerkt, geht c nach einem Konsonanten mit nachfolgendem a in ch über. Die Sonora trat für die Surda ein in escoulourja 50,14.[2])

Abweichend vom Gemeinfranzösischen finden wir dagegen die Surda statt der Sonora in: venchier 122,11; 163,31; 182,16; venchance 24,23; 152,31; 181,15; 206,8; 206,20; granche 136,6 (im Reime mit blanche — also für den Verfasser gesichert, wenn es nicht ungenauer Reim ist;) 136,13; 136,14; 136,28; 136,29; Uc_1 13; Uc_3 32.

Anmerkung 1: Ebenso finden wir domachée 4,25 statt des zu erwartenden domagée.

Anmerkung 2: Bemerke entercha (im Texte encercha) 61,5 statt enterça; ebenso percha 61,6 statt perça; ebenso enforcher 101,28 statt enforcer.

55) c vor e und i bleibt im Anlaut; mehrmals ist in der Schreibung s dafür eingetreten: seinturres 180,10 (saintures lat. U 88); se (ses) 38,20; 60,18; 131,18; 185,30; zweifelhaft 15,8.

Anmerkung: Wir finden in unserem Texte auch descire 51,30, obgleich im Gemeinfranzösischen ci und ce in germanischen Wörtern anders als in lateinischen behandelt worden sind.

Lat. ce, ci und ti + Vokal.

56) Hier ist nur die Entwicklung des Wortes Agatha, des Namens der Heiligen, zu betrachten. Dieses Wort muss in der Form, in welcher es in unserm Text vorkommt, auf einen Typus Agátiam zurückgehen, denn es lautet Agace oder E(s)gace 11,24; 14,14; 15,7 (immer im Reime mit grace) cf. Agace im Reim im Renaut v. Montauban 345,38.

---

[1]) Fölster bemerkt p. 33 zu § 118, dass z „ausser 46,27" nie (!) mit s reime. 46,27 reimt aber aves ('habátis) mit savez ('sapátis), also z mit sich selbst.

[2]) „escolorgier einzig franz. Form wegen vorausgehenden r (wie chargier)" F.

G.

57) Hier ist nichts zu bemerken.

P.

58) Ebenfalls nichts zu bemerken.[1]

F.

59) Anlautend muss f schon im Lateinischen mit h gewechselt haben. Schon im Lateinischen muss neben fŏris eine Form hŏris bestanden haben. In den Mirakeln zählte ich 11 sichere Belege für fors und 15 sichere Belege für hors.

H.

60) In der Schreibung ist h noch öfter erhalten, so honeste 207,1; hennorée 9,16.

In der deutschen Gruppe hn ist zwischen h und n einmal a (hanas 115,10) und einmal e (hennas 40,16) eingeschoben.

Beachte noch h in enhatirent 47,7, statt gewöhnlichen enatirent.

Formenlehre.

Deklination.

61) Die Deklination muss zur Zeit des Kopisten schon vollständig zerstört gewesen sein, wie aus folgenden Belegen hervorgeht: li doisiz 76,31; li vallez 95,20; li chevalier 125,26; li sainz esperis 38,1; li clerc 140,9; li hiaume 183,25 (lauter Accusative!)

d'uns foussés (Sing.) 56,7; le clerc (Nan. Sing.) 140,13; 140,17; le contes (Nom. Sing.) 142,12; tuit le voisin 158,6; fonz (fontem) (Objektskas.) 108,6; coull und coul (Objektskas. Sing.) 79,24; 139,4; tonneau. und ton(n)iau (Objektskas. Sing.) 75,27; 76,6; 76,31; filz (Accus.) 59,23; 73,9; 74,24; filß (Accus.) 32,5.

In Uc_1 erscheint sire mit s (sires Uc_1 2) und diese Urkunde ist aus dem Jahre 1289.

---

[1] Fölster macht zu dem Reim horrible: trible 64,5 auf p. 12 seiner Dissertation die folgende Fussnote: „Auffallende Schreibung, die offenbar nur dem Augenreim zu Liebe eingetreten ist." Da nun trible mit b (Diez leitet das Wort von trībulare ab) die gewöhnliche altfranz. Form ist (auch seine Verwendung an dieser Stelle hat durchaus nichts Auffallendes), so kann ich Herrn Fölster's Bemerkung nicht verstehen.

Das Verstummen der Endkonsonanten erklärt diese Erscheinung (zum Theile wenigstens).

Oefter finden sich Reime, in welchen Substantiva, welche im Subjektskas. stehen, mit solchen, welche im Objektskas. stehen, gebunden sind:

fil (Subjektsk.): peril (Objektsk.) 29,10; corage (Subjektsk.): pelerinage (Objektsk.) 120,17; mein (Objektsk.): pein (Subjektsk.) 50,4.

Auch bei den accentverschiebenden Wörtern ist die Deklination zerstört. So ist als Objektsk. die Form mendre (mĭnor) 86,25 durch Reim gesichert; ebenso als Subjektsk. die Form jangleeur 33,26 durch Reim mit peeur (ebenfalls Subjektsk.!). Ferner ist 101,27 als Subjektsk. des Singulars die Form home durch Reim gesichert. Der Subjektsk. des Sing. von ĭnfans sollte regelrecht enfes lauten und diese Form findet sich auch in unserm Texte. Daneben findet sich jedoch auch die Form des Objektsk.. Es steht enfant (anfant) statt enfes 49,7; 49,19: 49,23; 98,21; 113,18; 111,2; 111,23. Ferner findet sich als Subjektskas. des Sing. compaignon 115,21. Es findet sich seur als Obj.-Kas. 64,27, aber es findet sich noch regelrecht seror (Acc. Sing.) 142,8.

Als Kasusrest ist noch anzuführen anciennor 73,12 R.

Zum Geschlechte der Substantiva ist zu bemerken, dass dent für unsern Text bereits als Fem. gesichert ist durch die Stellen 3,24; 3,25; 64,9; 64,10 (ebenso Fem. im Lyoner Yzopet 1027!). Zweifelhaft ist es, ob huis 29,20 und charbon 210,6 als Feminina gebraucht sind. — Wegen une angle 186,29 vergleiche die textkritischen Bemerkungen!

Die Stelle „et de son ost une partie" 182,31 wird sich wohl dadurch erklären lassen, dass man ost als Maskulin, (wie Bartsch Chrestomath. 494,23 und 494,26!) betrachtet — sonst müsste man annehmen, dass son statt s' vor einem Femininum mit vokalischen Anlaut stände, welche Annahme für die Zeit des Dichters sicherlich noch nicht zulässig ist, da sich (cf. § 67 Anm.) sonst kein einziger Fall findet, welcher bewiese, dass der Dichter son statt s' vor einem vokalisch anlautenden Femininum gebraucht hätte.

Die eingeschlechtigen Adjektiva zeigen bereits starke Spuren von dem femininen e. So telle 36,12; 53,28; 57,16. Auch in den ältesten mir zugänglichen Urkunden erscheinen die betreffenden Adjektiva bereits mit dem femininen e: queles Uc₁ 6; tele Uc₁ 10; quele

Uc$_2$ 14; Uc$_4$ 9. Doch findet sich auch noch einmal quiex Uc$_1$ 16 (sich auf ein Femininum beziehend).

grant erscheint, soviel ich sehen kann, nur in der Form ohne e.

Hierhergehörige Reime sind ytans (statt itant): grans (bezieht sich auf dent, das, wie vorhin erwähnt, Fem. in unserem Texte ist) 64,9 infernal (Masc.): general (Fem.) 206,14.

Artikel.

62) Masc. Nom. Sing. lautet gewöhnlich li, daneben auch schon öfter le. Masc. Acc. Sing. lautet le. Für das Feminin. lautet der Artikel la, nur einmal, 31,31 steht le (3,14 wird les narrines zu lesen sein — da die Endkonsonanten verstummt waren, schrieb der Kopist le narrine). Nom. Plur. Masc. lautet gewöhnlich li, daneben auch les.

de + Artikel für das Mascul. im Sing. hat sich, übereinstimmend mit dem Gemeinfranzösischen, zu dou entwickelt in dem Mirakelbuch. Die spätere Entwicklungsform du findet sich nur sechsmal, nämlich 19,29; 26,28; 66,22; 72,10; XXII; 181,31. Die Urkunden haben theils du (und zwar hat schon Uc$_1$ nur du), theils dou.

a + Artikel hat sich im Sing. zu au entwickelt (ou geschr. 135,25) im Plur. zu aus (43,12; 73,7), statt dessen wir öfter au (43,19; 69,8) finden, was bei dem Verstummen der Endkonsonanten in unserem Texte nicht zu verwundern ist — der Rubrikator hat zweimal a statt aus (oder statt as?) geschrieben, nämlich XVI und XVIII.

in + Artikel im Sing. hat sich zu ou, in + Artikel im Plur. hat sich zu es entwickelt. (Ist u Uc$_1$ 21 gleich ou — in + Artikel im Sing.?)

Adjektiv.

63) Die eingeschlechtigen Adjektiva sind bereits erwähnt. Einige Komparative sind noch zu erwähnen. mínor lautet mendre 177,8 (allerdings maindre geschrieben, aber im Reime mit cendres); minórem lautet menor 86,27; *pějórem lautet peeur 33,27 R; grándior lautet greindre 68,27 R; 158,3 R; grandiórem lautet greigneur 137,8; 69,5.

Auffallend ist, dass sich schon in unserm Texte die Form corbe für das Maskulinum (90,15 und gesichert durch Reim 91,16) findet, also schon mit -e, wie im neufranzösischen courbe, obgleich man nach der Lautlehre corp (von cŭrvum) erwarten sollte. Man muss diese Form wohl auf den Einfluss der Form für das Femininum (corbe von cŭrvam) zurückführen.

Numerale.

64) Wenig zu bemerken! dui 147,29; — dŭōs lautet deus in den Urkunden — andeus 63,23, endeus 36,6. premiers 167,3 (primier 12,28); segont 167,5; tiers 147,30; 167,7; quars 167,9; quint 167,11; milieme 19,14.

Pronomen.

1) Personalpronomen.

65) a) Betontes Personalpronomen.

1. Pers. Nom. Sing.: meistens ge 7,10 etc. — daneben je 34,5 etc. — zweimal finden wir geu 7,18; 211,18; einmal die Form jou 27,31.

    Acc. Sing. moi oder mei.

    Nom. Plur nos, ebenso Acc. Plur.

2. Pers. Nom. Sing.: tu.

    Acc. Sing.: toi oder tei.

3. Pers. Nom. Sing. Masc.: il.

    Acc. Sing. Masc.: lui, nur 159,11 steht le.

    Nom. Plur. Masc.

    Acc. Plur. Masc.: eus (els — elx) und aus — ausserdem steht einmal nach italienischer Methode lors (dedenz lors 86,10), doch ist lors hier vielleicht gleich illa hŏra und Zeitpartikel.

3. Pers. Nom. Sing. Fem.: elle und daneben sehr oft el mit verstummtem End -e.

    Acc. Sing. Fem.: fast die einzige vorkommende Form ist le 2,9; 9,11; 33,9; 44,16 etc. etc. — einmal im Reime cellé: le 156,2. (Auch im poitevinischen Katharinenleben kommt le vor und steht dort mehrmals im Reime) — ausserdem erscheint einmal lui 3,29; lui auch 142,49; einmal la 5,4; einmal li 45,31.

66) b) unbetontes Personalpronomen.

Das Femininum der 3. Pers. Sing. lautet immer li 1,14; 2,14; 3,15 etc. — nur einmal erscheint es in der Form le: 52,29.

Sonst gibt das unbetonte Personalpronomen in unserem Texte zu keinen Bemerkungen Veranlassung. — In den Urkunden findet sich einmal (Uc₄ 10) il statt eles.

2) Possessivpronomen.

67) a) Betontes Possessivpronomen.
1. Pers. Nom. Sing. Masc.
      Nom. Sing. Fem.
      Acc. Sing. Masc.
      Acc. Sing. Fem.: moie 136,6;
3. Pers. Nom. Sing. Masc.: suens 33,27.
      Nom. Sing. Fem.
      Acc. Sing. Masc.: sien 49,4; suen 63,6; 93,19; sen 108,5;
      Acc. Sing. Fem.: soe 48,26; 97,28; 130,24, soue 132,19.
      Acc. Plur. Masc.: suens 6,16; 211,17 (: sens!)

b) Unbetontes Possessivpronomen.
1. Pers. Nom. Sing. Masc.: mon 155,4.
2. Pers. Nom. Sing. Masc.: ti 160,12.
3. Pers. Nom. Sing. Masc.: si 38,3; 45,12; 115,15; 118,21; 184,22 (auch vor Vokalen wird das s nicht mehr geschrieben: si esperiz 50,21); ausserdem finden wir öfter son, so 98,22; 110,8; 152,5.
      Nom. Plur. Masc.: si 43,28; 94,1; 143,20.

Anmerkung: Kommt das feminine Possessivpronomen (im Singular) vor ein vokalisch anlautendes Substantiv zu stehen, so muss im Altfranzösischen Elision eintreten. So auch in unserem Texte. Die drei Ausnahmen, welche sich in unserem Texte finden (son iglise 32,7; son ame 144,16; son offrende 112,3), werden als Textverderbnisse oder als Fehler des Herausgebers anzusehen sein — cf. Textkritische Bemerkungen!

68) Pronomen Demonstrativum.

Es ist zu bemerken, dass einmal cist statt cest (75,9) und umgekehrt zweimal cest (39,9; 154,23) statt cist steht, dass ferner einmal cil statt cel (79,10) und einmal cels statt cil (30,7?) und einmal celi (celi leu) 69,23 statt celui steht. Einmal steht ce statt zu erwartenden cil, nämlich 144,28. Statt des gemeinfranzösischen ce findet sich ceu 157,19.

Anmerkung 1. In den in dem Cartulaire de Louviers enthaltenen französischen Urkunden findet sich häufiger cen statt ce, was man nicht etwa als

Lesefehler für ceu auffassen darf. Auch im Roman du Mont St. Michel findet sich sehr häufig ceu, vergleiche darüber Huber l. c. p. 319—321!.

Anmerkung 2. Hier sei noch darauf aufmerksam gemacht, dass auch bei Jehan le Marcheant sich die besonders aus Gautier de Coinsy bekannte Eigenthümlichkeit findet, dass das Pronomen Demonstrativum ce am Ende weiblicher Verse die tonlose letzte Silbe bilden kann cf. das Verspaar 144,7 und 144,8:

„Et qui ot seine consci̇ence
Dedenz soi se reprist en ce."

Bemerke, dass der zweite Vers, obgleich weiblich, nur acht Silben hat.

Ebenso ist der zweite Vers des Verspaares 184,23 und 184,24 gebaut (zwar ist derselbe leider nicht verständlich):

„Bon clerc fu de [mout] grant sci̇ence
Mes mout bien poira son sen ce."

Endlich findet sich 12,4 und 12,5 ein ganz ebenso gebautes Reimpaar, wenn man eine kleine Emendation in Vers 12,5 vornimmt und Dusqu'a statt Dusques a liest:

„N'en ses seinz point de reverance
Dusqu'a midi avoit en ce"

cf. über die Erscheinung: Diez, „Ueber den epischen Vers" in „Altromanische Sprachdenkmale" p. 110, Anmerk. 2.

69) Pronomen Relativum.

Es steht que statt qui 14,22; 68,13; 82,18 (?); 143,6; 180,8, ferner Uc_1 20. Es steht qui statt que U_2 60.[1])

70) Pronomen Interrogativum.

Für den obliquen Kasus ist zu bemerken, dass wir oft die Schreibung qui statt älteren cui finden.

71) Pronomen Indefinitum.

Der Nom. Plur. zu tot heisst immer tuit (so auch Uc_1 2), gesichert für den Verfasser durch den Reim tuit: bruit 182,1. Nur einmal steht tous statt tuit (47,6), ausserdem 158,13 tout statt tuit — ebenso steht in den Urkunden touz statt tuit zweimal (Uc_2 2; 3,2). Einmal (109,24) steht tuit statt tot. Einmal steht tretoz (145,12) statt tretuit; — trestoz st. trestuit 170,2.

Verbum.

72) Infinitiv: Neben garantir scheint ein Infinitiv garanter bestanden zu haben, denn wir finden eine Perfektform garanta (:enfanta) 87,24 — daneben ist auch garantirent gesichert durch Reim mit foïrent 183,5.

---

[1]) „Wohl falsche Auflösungen der Abbreviaturen in der Handschrift." F.

Der Vorgang, dass Verba aus der a-Konjugation in die ī-Konjugation übergetreten sind, hat bei espŏēnter und empŏēnter stattgefunden, denn wir finden espouentie (ppp.) 64,24 (: esbahie) und ebenso enpŏēntie 100,1 (: vie) — daneben finden wir espŏēntée 152,27; 152,27; 164,6, espŏenté 158,13 durch Reim gesichert.

Aus der ĕ-Konjugation in die ē-Konjugation ist desaërdre ein Kompositum von aërdre übergetreten, denn wir finden desardoir (was doch wohl nichts Anderes, als desaërdre ist) gebunden mit ardoir 169,24 und 170,6.

73) Praesens Indicativi: Die erste Person finden wir durchgängig noch ohne e (cf. devin: vin 118,25!). Dass der Dichter jedoch auch schon die Form mit e gekannt hat, beweisen die beiden Reime trueve: vueve (víduam) 77,15 und devise: chemise 184,2. Auch eine Urkunde hat eine Form mit -e: conferme Uc_3 2.

Die 1. Pers. Praes. von trover lautet truis 77,26; 92,21 etc.. Die 1. Pers. Praes. von prendre lautet ein Mal praing 187,22 (eben dieselbe Form ist auch in der Champagne). Die 4. Person endigt auf -on(s) und zwar sehr oft ohne s (cf. ton: venton 107,1!)

Bemerke noch ateinent (6. Praes. von ateindre) im Reime mit meinent 78,22 — reponent (6. Praes. von respondre — wohl Verwechslung mit repondre von repŏnere) 75,9. — Die betreffenden Formen von aler sind ves 162,25, vet 111,28.

74) Praesens Conjunctivi: Im Singular finden wir meistens noch kein e; vergleiche auch den Reim seint (sígnet): saint 168,21. Nur zweimal finden wir Formen mit e, nämlich lesse (3. Praes. Conj.) 160,12 R und acorde 157,11 (1. Praes. Conj.)

Von doner finden wir die bekannten Konjuktivformen doint 19,3; pardoint 124,7, (ebenso doin 15,14), doigne 131,5, doignent 19,10.

Von trover ist die 3. Pers. troisse (: angoisse) 65,10 und die 6. Pers. in der Form truissent 55,18 belegt.

Wir finden quierges 128,23 (2. Conj. Praes. von querre — *quaereas); aber ailles (nicht alges) 138,24, ebenso chaille 133,11 R.

apreigne (: ouvraigne) 19,2, teigne (so wohl das im Text stehende tiegne zu bessern, da das Reimwort enseigne lautet) 134,2, ebenso preigniez 75,25, sind Formen, welche sich in der Champagne wiederfinden. Daneben finden sich die gemeinfranzösischen Formen viennent 56,27 und tiennent in der Urkunde Uc_3 Zeile 4. Ausserdem finden sich noch solche Formen, welche nur dadurch erklärt werden können, dass man Vermischung der eben erwähnten Formen mit solchen Formen, wie sie sich in der Pikardie und in Lothringen finden (vigne, tigne), annimmt, nämlich deviegne 133,11; viengnent 205,28.

Im Plural finden wir mehrmals Formen auf -ien[1]) (-en): refassien 23,27; refacien 23,31; perdien (wenn das im Texte stehende perdein so gebessert werden darf — aber zweisilbig) 75,15; quiergen (von querre) 115,25.

75) **Imperfectum Indicativi**: Die ursprüngliche Scheidung zwischen -ábam und -ébam spiegelt sich noch wieder in den Formen: criot 49,21; habitot (:ot) 59,22; amot (:mǫt) 112,31; 147,13 puisot (:ot) 98,7.

Jedoch finden sich die meisten Imperfecta der Verba der lat. a-Konjugation schon in der analogischen Form. Dass auch der Dichter diese Form bereits kannte, geht hervor aus den Reimen mostroit: costroit 95,31 und cheminoies: voies 162,15.

76) **Futurum Praesens**: Zu bemerken ist, dass unser Text noch die Endung -oiz der 5. Pers. kennt: porrois 17,26; orrois 32,22, porrois 75,7; 128,24. Die Formen des Futurum Präsens und Futurum Imperfekti donrei 138,18; donra 132,20; comparras 163,30; donrez U_2 14; demourront U_2 34; merraient 147,5; sejorroit 61,17; dorron 75,28 (bei den letzten drei hat Assimilation des auslautenden Stammkonsonanten an das Infinitiv -r stattgefunden) — ebenso guerra 95,6; 170,28; jorra 133,29; aporra 170,29 sind die regelmässigen. Das Infinitiv -e, bezw. -i in der neufranzösischen Conjugation ist durch Analogie in diese Formen eingeführt worden. Das r hat seine Stelle gewechselt, um sich mit dem Infinitiv -r zu verbinden in offerai 7,28; offeront 207,29 (ebenso im Fut. Imp. in offeroit 175,7).

77) **Perfectum**: Bei den starken Verbis finden wir in der 6. Pers. öfter die Endung -istrent, so remistrent: (benëistrent) 76,31; promistrent 26,6; pristrent 27,22; 30,13; 30,27; 33,14; quistrent 30,28; distrent 207,10; mistrent 181,7. Daneben finden wir aber auch die Endung -irent: mirent 182,3; firent 182,4.

Imperf. Conj.: In U_2, Zeile 34 steht die Form marïessiez.

78) **Participium Perfecti Passivi**: Hier ist nur die auch aus anderen Texten bekannte Form consentu 147,16 zu erwähnen.

---

[1]) „Dialektischer Zug, auch sonst." F.

79) Es folgt nun eine Liste der einzelnen starken und halbstarken Verba in der Reihenfolge, welche Diez hat.

faire: faz 154,1; face 110,10 R; fai (Imperat.) 133,7.

ardre: ardi (3. Perf.) 19,24; ardirent 176,17; ars 5,9; arse 17,25; 19,25.

aceindre: aceindrent 183,19.

clore: clout (3. Perf.) 161,16; 161,17; enclust 183.10; enclous (:clous (clávos)) 39,23; clouse 152,15.

dire: die 55,8 R; 67,8 R; dion (1. Pl. Praes.) 41,23 R; dëīmes 73,24 R; distrent 207,10.

conduire: conduie 210,25; conduioient 122,8; conduit 121,29; conduirent 105,17.

raembre: raienz 146,2; 146,10; 146,21.

aërdre (*adĕrigere): desardoir 169,24 R, 170,6; ahert 98,22; äërdissent 152,19; äërs 170,15.

faillir: faus 166,18; failles 166,17.

enfreindre: enfreint (ppp. :pleint) 163,26.

remaindre: remeindre 145,21 R; remest 19,27; 103,16; remein[s]t (3. Perf.) 62,5; 176,20; remeindrent 184,18 R; 209,30 R; remeinsist 146,31; remese 176,10 R.

prendre: praing 187,22; apreigne 19,2 R; preigniez 75,25; pristrent 27,22; 30,13; 33,14; prindrent 180,23; aprëist 135,27; prëïssent 97,2; emprëissent 97,3; prins 144,8; prins Uc_6 7; reprins 144,18; prinse Uc_8 14; prinses Uc_4 8; Uc_4 11.

seoir: seoit 91,11; sist 152,11; assesissent 94,18.

soudre: soudre U_2 8; soudrez U_2 7; solu U_2 11 — asout 161,11; asoust 165,26 R; asousse 165,28 R; asoute 161,8.

despire: 44,10.

esteindre: estein[s]t 65,31; estaindrent 209,29; esteinsistes 7,8.

sordre: sordi 143,12: sors ppp. 167,19 R; sorse 61,2.

ateindre: ateinent 78,22 (:meinent); ateindrent 183,18.

traire: trest (3. Perf.) 102,8; trestrent 69,11; treirent 68,8.

boire: boivre 115,9; 115,20; bevoient 79,27.

cheoir: chiet 133,18; cheoient 28,14; chäï 82,2 (?); 108,21; 164,12 R; chëī 84,13; 98,20; 145,3; chäirent 174,1 R; escherron" Uc_9 8.

chaloir: chaille 133,11 R.
corre: court 126,15; queure (3. Praes. Conj.) 122,20 R.
gesir: gesant 49,1; gesoit 63,15; gerra 95,5; gëu 148,9.
lire: lere 17,8; lëust 135,27 R.
pooïr: poient (6. Pers. Praes.) U₃ 18; pot 98,3 R; pěust 34,27 R; 126,5 R; 153,6 R; U₃ 3; daneben einmal pöïst 101,31 in der Zeilenmitte, das dem Kopisten zur Last zu legen ist.
savoir: saichés U₁ 2.
taire: turent 147,19.
toloir: tollirent 145,6 R; destorriez U₂ 22 (oder v. destordre?)
voloir: vieu (aus vuel) 16,1, ebenso veu 48,12; — vuil 123,23; 124,27; voil 1,18; 18,31; voill 7,26; veil 166,10; sämmtlich vas uŏlio (ebendaher auch vueil Uc₃ 2?) vielz (2. Praes.) 113,13; vialz 131,20; 139,3; viauz 44,28; 131,15; 131,16; 131,17; velt 151,22; veult 17,1; 154,26; vielt U₂ 2; volt (3. Praes.!) 116,13; volent 128,22; voailent 38,23; veille (3. Conj. Praes.) 101,5; volsissoient (6. Imperf. Ind., gebildet von dem sigmatischen Perfekt volsi) 35,24.

volt (3. Perf.) 8,12; 8,28; voult 48,2; vout 94,24; voudrent 68,21; 78,6; 186,26; vost 12,8; 66,17; voust 21,27.

voussist (3. Imperf. Conj.) 89,13; vossist 4,9; 4,10; vousist U₂21; vossit 46,31; vossissiez 136,5.

benëïr: benëi (3. Perf.) 165,25; benëistrent 77,1; benëie (3. Praes. Conj.) 161,12 R.

vivre: vesque (3. Praes. Conj., angebildet an das Perf.) 48,10: vesqui 141,6; 149,20; revesqui 111,24;

naistre: nestre 82.17 R; nessoit 188,13; nasqui 149,19.

80) Es erübrigt noch, über die Hilfsverben estre und avoir etwas zu sagen. Wir erwähnen zunächst das Bemerkenswerthe von estre.

Die 1. Pers. Praes. von estre erscheint ohne s: sui 34,5.

Die 2. Pers. Praes. findet sich zweimal in der Form mit diphthongirtem e (ies 137,24; 163,22), einmal ohne Diphthongirung des e's (es 160,6).

Für das Imperfectum haben wir zwei Entwicklungen festzustellen; es finden sich erstens Formen mit nicht diphthongirtem e, zweitens Formen mit diphthongirtem e. Belege für die Formen mit nicht diphthongirtem e sind: ert 81,31 R; 98,21 R; 122,4 R; 185,9 R.

erent 20,12 R; 166,28 R.

Belege für die anderen Formen sind:

iert 97,19; 104,3; ert 155,27, aber im R mit enquiert; yere 181,30 R.

erent: essaierent 172,4; erent: cercherent 109,3; erent: tesmoignerent 112,4.

Wenn wir nun auch ganz von den Reimen absehen, in welchen Wörter, welche nach dem Bartsch'schen Gesetz ié haben müssten, mit ert (erent) reimen, da das erwähnte Gesetz in unserm Texte nicht mehr streng durchgeführt ist, so bleibt immer noch die diphthongirte Form für den Verfasser unseres Gedichtes durch die beiden übrigen Reime gesichert.

Die Form yere verdient ausserdem noch besondere Beachtung wegen des in ihr erhaltenen e's.

Von dem entsprechenden Futurum Praesens sind nur zwei Formen in unserm Texte erhalten, einmal die diphthongirte Form iert 154,7, einmal die undiphthongirte Form ert 132,3 — keine von beiden im Reime.

In Urkunde U_1, Zeile 3 findet sich eine 3. Pers. Imp. Conj. feust. Ist diese Form nur als Schreibfehler (statt fust) anzusehen? Oder war wirklich, analog der Form der 3. Pers. Imp. Conj. aller übrigen Verba in unserem Dialekte eine endungsbetonte Form auch für estre geschaffen worden?

Von den Formen' von avoir verdient nur das Perfectum eine Bemerkung. Die 3. Pers. Perf. lautet durchgängig ot, nicht out — das einzige Beispiel, welches der Text für out bietet, ist 80,1, und hier ist diese Form in ont zu ändern.

Praepositionen.

81) Von Interesse ist hier nur die Thatsache, dass fast immer emprés (welches sonst nur in normanischen Texten vorkommt) gebraucht wird statt des gemeinfranzösischen aprés. aprés steht allein nur zweimal (117,1; 170,30) und in Verbindung mit en (en aprés) dreimal 75,7; 165,10; 167,5) im Texte; das einzige Mal, wo das Wort in den Urkunden vorkommt, heisst es aprés (Uc_7 7).

Statt par steht por 78,1; 109,1; 172,2 bis; 206,12; 209,26 211,9. Statt por steht par 73,9; 78,21; 38,13[1]).

---

[1]) „Wohl falsche Auflösungen der bekannten Abkürzungen der Handschriften." F.

Textkritische Bemerkungen.

Im Folgenden ist der Versuch gemacht, die zahlreichen Lesefehler etc. zu berichtigen. Ferner ist gesucht worden, die Verse, welche unrichtige Silbenzahl haben, auf die richtige Silbenzahl zu bringen. Bei allen Versen ist es mir freilich nicht gelungen, die richtige Silbenzahl herzustellen — es sind jedoch von der grossen Zahl nur acht übrig geblieben, bei welchen es mir nicht möglich war, die richtige Emendation zu finden. — Die Verstösse gegen richtige Interpunktion sind nicht berichtigt worden, da dieselben zu massenhaft waren. (In dem mir zur Verfügung stehenden Exemplare habe ich die fehlerhafte Interpunktion überall berichtigt.)

Es sei noch bemerkt, dass immer die Abkürzung l. (lies!) gebraucht worden ist, gleichgiltig, ob es sich um einen Lesefehler des Herausgebers handelt, oder ob statt des in der Handschrift Stehenden etwas Anderes eingesetzt werden soll.

1,3 erg. tres vor haute; 3,20 l. apparoit; 4,10 l. Ainzcois (= ainçois); 4,10 l. par (ebenso 5,20); 4,23 l. que st. quar; 4,28 l. baulevre; 5,19 l. visné st. voisiné (cf. vignéz 57,31); 6,15 l. biens avis. st. bien avis; 6,20 l. enhaïe st. en haïe; 6,25 l. mestre esperance st. mestre s'esperance; 7,10 l. Or suy ge st. Ou ge suy; 7,17 l. relenquie; 8,25 l. Icelle; 8,31 erg. et vor neuve und vor freiche; 9,6 l. aïe (cf. 9,7 aïe); 9,23 l. come; 10,9 l. plus st. puis; 10,14 l. recouvrée ot; 10,15 streiche Et; 10,17 l. ot st. et; 10,24 l. alla — son veu a aquité; 111,9 und 11,20 l. Beneoit (ebenso 14,13 u. 14,15); 11,21 l. A un païsant; 11,23 l. put st. pute; 121,5 l. don (= dont); 12,30 l. Ha! st. Haz; 13,1 erg. ma vor dame (ebenso 13,3); 13,26 l. Meinz qui cele pūeur sentirent, 14,10 l. l'ajornée st. la jornée; 14,12 l. com ge lui st. e ge lui (cf. lui l. Perf. 11,14 im R); 15,8 l. Si statt Se; 15,15 l. illeques; 15,17 l. pecheurs st. pechieurs; 15,26 l. meames (met̄psimum) st. me ames[1]); 16,10 l. beneïçon; 16,13 erg. de vor sa main; 16,28 erg. a vor sa; 20,24 l. Si precīeus et si saintimes; 21,6 l. qu'ele st. que; 21,23 l. Que („denn") st. Ou; 22,16 l. qu'il orent st. qu'orent; 24,24 l. mescheance; 24,25 streiche das zweite mout; 25,18 l. sachent; 27,17 erg. de vor pitié; 28,9 l. Que st. Car (ebenso 164,12); 28,9 l. pooient; 28,18 l. Jonas qui ert en la balaine; 28,21 l. meisniée st.

---

[1]) Die entsprechende Stelle in der lat. Vorlage ist beweisend dafür, dass meames hier = met̄psimum ist. Dort heisst es nämlich: „Et hic tu domina potes subvenire. — Allerdings erscheint met̄psimum sonst immer in der Form meīme(s) cf. die Reime 48,19; 52,7; 88,27; 154,30.

meinaiee; 28,31 l. n'a l'entrée st. ne a l'entrée; 29,6 erg. a vor douleur;[1]) 29,10 erg. si vor son; 31,8 l. l'aïe st. Naide; 31,24 erg. point vor d'ouvrer; 31,29 u. 31,31 l. aïe st. aide; 31,31 l. la; 32,7 l. s'iglise st. son iglise; 32,12 erg. or vor estoit; 33,17 l. liée; 33,18 l. el st. elle 33,22 l. que il st. qui; 35,3 l. ammoï st. amivoi; 35,15 l. espert st. espiart; 35,16 l. ert st. iart; 35,27 l. les pasques st. la pasque; 36,9 l. endeus st. en deus; 36,17 l. sain st. entier; 37,7 erg. si vor de chesne; 37,10 l. damedex st. dame dex; 38,17 l. tel maniere st. telle maniere; 39,28 l. buies st. vive; 41,8 streiche de vor dieu; 41,29 l. veoient st. vaient; 41,31 erg. mout vor s'iglise; 42,3 l. encore; 42,6 l. pere st. peres; 42,19 erg. tost vor cure; 42,27 l. a st. de; 43,4 erg. el vor ja; 43,8 l. ne st. ni; 43,12 l. n'aus st. ne aus; 44,4 erg. la vor haute; 45,13 erg. a vor belle; 45,30 l. Et le st. Elle; 46,9 erg. el vor fu; 47,18 l. l'ala hatant st. la lahatant; 48,13 l. puis que st. car; 49,8 l. geuvre st. geunre (ebenso 59,23; 63,18; 74,22; 93,18; 97,28; 135,22; 135,23; 135,30; 168,31); 49,12 l. e[t]l'oï st. el oï; 50,7 l. acoutumance; 50,14 l. escoulourja; 50,18 l. enfanconneite; 51,2 erg. mais vor Quant; 51,13 l. cele st. la; 51,17 l. lessei (l. Perf. — lessai) st. lessie; 51,19 l. commange st. commange; 53,4 erg. car vor entendes; 53,21 erg. ele vor fu; 54,21 l. cont st. conte; 54,22 l. c'omcore st. com core; 54,25 str. meulz; 54,25 l. et st. ef; 55,6 erg. me vor voill; 56,6 erg. ele vor ala; 56,7 erg. mout vor grant; 56,17 erg. que l' vor apercaive; 56,31 l. a orne st. aorne; 57,24 l. vois st. voies; 57,26 l. que l'avoit st. quel avoit; 58,19 l. enfes st. enfens (ebenso 61,30); 59,2 l. esleeciée st. eslaicee; 59,14 l. reve(s)chie (= reverchié) st. reneschié; 60,11 erg. tost vor en; 60,25 erg. tot vor ansint; 60,25 l. en tropiaus st. entropiaus; 61,1 l. mescheance st. meschance; 61,5 l. entercha st. encercha; 61,22 l. ou a st. voa; 62,12 erg. ot vor santé; 63,19 l. si s'elessa st. se elessa; 63,23 l. andeus st. an deus; 63,24 l. es vous un home st. estes vous un hom; 64,6 l. n'arrement st. varrement; 64,23 erg. fort vor mout; 65,1 l. a hee st. ahee; 65,29 l. torna st. trova; 66,30 l. j'ei st. ici (Besserung Fölster's); 67,12 erg. par vor devant; 68,5 l. merroient; 68,6 l. aïe st. aide; 68,11 l. premiere; 68,13 l. qui st. des ersten que; 69,10 l. efforciéement; 69,21 l. a l'anuitant st. a la nuitant; 70,4 l. soudement, 70,12 l. avoient st· estoient; 70,15 l. come; 71,7 l. vendeurs; 71,8 l. acheteeurs; 71,13 l. trestous; 71,23 l. autel st. autelle; 72,23 l. A sa mere tot ensement;

---

[1]) Vers 31,1 fehlt keine Silbe, denn meneteraus wird als viersilbig anzusehen sein (ebenso monotoraus 112,21 viersilbig).

— 52 —

73,12 l. anciennor; 73,28 l. Un chatel qu'i trois (= 1. Praes. von trover), meis de vint 74,7 erg. grant vor feu; 75,16 l. aide; 75,25 l. Nostre aide, si au mains preigniez; 76,15 erg. espoir vor de terre; 76,18 erg. a vor grant; 76,21 erg. a vor grant leesce; 77,1 l. donneeurs; 77,23 l. le st. la; 78,12 l. Par st. Car (Druckfehler?); 78,21 l. feit st. feite; 79,5 l. a ligne st. aligne; 79,7 erg. pas vor par; 79,7 l. com; 80,1 l. ont; 81,23 und 81,24 sind umzustellen; 83,20 l. vous ei st. vo ci; 84,2 l. Quarrées; 84,5 l. Sil st. Si le; 84,10 l. se st. ses; 85,11 erg. ha vor dame; 86,4 l. Qu'auques; 86,25 l. put st. puet; 87,24 l. vrai st. verai; 88,10 l. remembrance; 89,3 str. cest; 89,3 l. routure (ebenso 90,23); 89,4 l. rous (ebenso 91,16 rouz); 90,16 l. povre home st. povres hom; 91,1 l. qu'a st. que; 91,11 l. oan st. o an; 91,12 erg. qui vor mendīe(s)t; 91,16 erg. mout vor rouz; 91,18 l. est; 91,26 l. lés a lés st. les ales; 92,7 l. Demorroient st. Demoreroient; 92,24 l. puebles; 93,18 l. aage; 94,4 l. meïsmes; 94,9 l. i acoroit st. ia coroit; 95,17 l. est; 95,25 l. mere st. cere: 95,25 l. virgeine st. virgeine; 96,15 l. montjoie st. mont joie; 97,7 l. mescheance; 97,20 streiche plus; 98,10 l. juqu'au fonz st. juqu'a mont; 98,11 erg. mout vor grant; 98,12 l. pucellete st. pucelle; 98,17 und 98,18 sind als überflüssig zu streichen; 99,6 l. fillete st. fille; 99,15 l. s'ele; 100,9 l. mete st. mestre; 100,26 erg. si vor sans corde; 100,23 l. treuil st. trail; 100,27 streiche en oder l. menée st. amenne; 101,8 l. Si l'ont st. Sil ont; 101,29 l. Qui enjamber pēust le pas st. Qui enjamber le pēust pas; 102,6 l. pucellete st. pucelle: 103,13 l. prēissent; 104,8 l. Autrou und ebendaselbst l. Marion (beides Eigennamen); 105,1 l. clarté st. clareté; 105,7 erg. a vor aorer; 105,10 l. prestre st. prestres; 105,11 l. Lors st. Hors; 105,21 l. Marie st. marie; 109,3 l. cremeteus; 109,11 l. a tant st. atant; 109,24 l. tot st. tuit; 110,12 l. encor st. encore; 110,18 l. Ma dame st. Dame; 110,21 erg. mien vor vaage; 111,3 l. grande; 111,4 l. i l'ot st. il ot; 111,4 l. engorgiée st. engorgié; 111,9 l. dou st. de; 111,17 l. S'umblesce et sa devocion; 111,18 l. Aussi st. Si; 111,25 l. Arriere st. Arrieres; 112,3 l. i porta s'offrende st. porta son offrende; 111,13 l. que il st. quil; 112,15 erg. me vor tesmoignerent; 112,25 l. autres (ebenso l. autres 125,10 — cf. 114,22 u. 114,26); 113,26 l. s'elessent st. se lessent; 114,13 erg. bien vor ensemble; 114,23 erg. trés vor ferme; 115,15 erg. li vor vessiaus; 115,13 erg. le (= franz. li) vor tenser; 116,22 l. Don[t] la parole a recouvrée; 117,25 erg. si vor montrée; 117,26 erg. tout vor enterigne; 117,30 l. liéement; 118,31 l. c'en st. ce en; 120,7 l. entreprise st. ēmprise; 121,8 l. sauveeur;

121,9 l. pecheeur; 122,1 l. la st. le; 122,3 l. n'avoit st. n'anoit (Druckfehler?) 122,25 streiche Et; 122,29 streiche pas; 123,27 l. don[c]; 124,3 erg. si vor pardonnent; 124,8 l. estoutise; 124,22 erg. bien vor. le; 125,12 l. darrean; 127,20 l. L'en st. En; 128,4 l. Iceste; 128,27 erg. tout vor arse; 129,17 l. quereeur; 129,18 l. prescheeur; 129,25 l. preechoit; 130,10 l. desbrisoit st. brisoit; 131,11 l. empeeche; 131,12 l. preeche; 133,9 str. das zweite il; 133,10 l. ne apent st. napent; 133,12 l. maaille; 134,6 l. Quant st. Qnant (Druckfehler); 134,6 l. s'amie st. sa mie; 134,9 l. j'ui mes st. ge huimes; 134,11 l. aorsé st. acorsé; 134,14 l. Grace st. Que; 134,16 erg. or vor ma; 134,21 l. Li un st. L'un; 135,15 l. nagier; 135,19 l. preuzdome st. preuz dome; 135,21 l. preuzdom st. preuz dom; 135,31 l. ennuit st. en nuit; 137,26 erg. por vor t'amie; 138,23 erg. tost vor un segrei; 139,31 l. outréement; 140,15 l. ferm st. ferme; 140,27 l. Mie ne mist en oubliance; 140,30 l. Seule; 141,4 l. celestiel st. celestiau; 141,5 l. esperitüel st. esperituau; 141,7 l. l'eviciene st. la viscienne [1]); 141,20 erg. mout vor greignor; 141,25 l. qu'il st. que il; 144,16 l. s'ame st. son ame; 145,24 l. non; 146,2 l. Raienz (ebenso 146,10; 146,21); 146,18 erg. tost vor avalée; p. 148 ist die Z. 27 zwischen Z. 29 und Z. 30 einzuschieben; 149,18 l. s'en retorna st. senretorna; 150,3 l. con st. ou; 150,5 l. J a st. Ja; 152,22 l. pas st. car (?); 153,4 l. El st. Et (ebenso 172,24); 154,12 l. revelera; 154,13 l. sera; 154,24 l. quou (= que le); 155,1 str. car; 155,26 l. il st. li; 155,29 l. Celle rougit et si se tut; 155,30 l. estut; 156,7 l. aquise st. a quise; 156,10 l. or st. ore; 156,16 str. das erste et; 156,22 l. Desqu'a st. Desques a; 156,26 erg. donc vor mon; 157,5 l. Et se je rai honte dou dire; 157,10 l. enhaïe st. en haïe; 157,25 erg. mout vor confuse; 158,9 l. trestrent; 160,7 l. Le pechié fait a fin te moine; 160,10 erg. et vor de bouche; 161,3 l. com st. comme; 163,5 l. l'ajornée st. la jornée; 165,25 l. beneï; 166,4 erg. qui vor nöe; 166,9 l. Qu'el fera — Et il li enseigne; 167,26 l. n'en jardin st. ne jardin; 168,15 erg. mout vor l'aumonestaient; 168,16 str. a; 168,21 l. beneïe; 169,13 erg. grant vor freidure; 170,10 erg. a vor tous; 170,25 erg. le vor feroient; 170,29 l. aparra; 172,19 erg. se vor desespere; 172,25 l. retorroiz st. retorneroiz; 172,31 l. coronée st. escoronée; 173,14 l. d'ancesserie (Bild. von ancessor); 174,11 str. das erste et; 175,3 l. la st. Nostre; 175,6 l. l'en (= li en) st. en; 175,17 str. i; 175,23 l. pleisant st. avenant; 175,28 l. soudement st.

---

[1]) Nach Förster ist hiermit Maria Egyptiaca, die ebenfalls in der Wüste lebte, die populärste Heilige gemeint.

soudeement; 175,31 l. flammesche st. faumesche; 176,11 l. Que st. Quen; 176,24 l. Fut. st. Fist (ebenso 179,28 refust st. refist) 177,11 l. paranz („oben aufliegend") st. par anz; 177,15 l. coverture st. touaille (?); 177,17 str. Nulle; 177,29 l. Qui l'ot voée st. Quel ot voe; 178,29 l. icil st. le; 179,2 l. Qu'el i fust mise et depousée; 179,13 l. Looïs st. Lois; 180,17 l. S'en st. Si en; 181,2 l. qu'elle st. quel; 181,10 l. despire st. desprire; 182,16 l. ençais st. en cais; 183,21 l. aceintes st. ateintes (denn aceintes ist wohl = „Umwallung") 184,15 l. especial st. especiau; 184,16 l. reial st. reiau; 184,23 erg. tres vor grant; 185,28 l. celeement; 206,6 l. n'a st. ne a; 206,11 l. pecheeurs; 207,5 l. icele; 207,17 str. si 207,29 l. offerront; 208,5 l. revendra.

Es folgt nun noch ein Verzeichniss der Verse, bei welchen mir eine Besserung nicht gelungen ist. Von denselben haben eine Silbe zu viel: 95,8 Souz le char le mistrent a gesir; 135,6 A la douce Marie ennorée; 162,30 Ou a celle ou avras meins de coust; 1791, Et li ëust feit sa chasse feire.

Eine Silbe zu wenig haben: 70,28 Ne ja plus ne l'encherroient; 84,9 Les pierres furent desjointes; 109,2 Son pere et sa mere enterre (hier ist auch das en terre sinnlos); 179.20 Cil tirant que il aima (dieser Vers ist auch sonst unverständlich).

Ferner sei noch ein Verzeichniss der Wörter angereiht, welche unverständlich geblieben sind:

43,10 espice (im Reime mit office) Godefroy hat das Wort nicht — Fölster erklärt es l. c. p. 12 Fussnote 3) durch „Spitze".

99,15 espaloï (der Sinn ist „ohnmächtig", also ist vielleicht esvanoï dafür einzusetzen).

184,24 poira (der ganze Vers heisst Mes moult bien poira son sen ce), — Fölstert bessert: „Mes moult enpoira son sen ce" er sieht also in seinem enpoira die Form empeira; von empeirier.

Das bei Godefroy nur mit unserer Stelle belegte enfeissement ist nach Förster „enfaissement = infasciamentum: Bestrickung, Beredung."

Die in der Erzählung No. 17 vorkommenden bretonischen Wörter, deren Bedeutung ich nicht anzugeben vermag, sind:

104,7 brarision,

105,11 chapalu.

Vita.

Geboren wurde ich, Ludwig Christian Napp, am 26. Juni 1861 zu Düren als Sohn des Gerbereibesizers Julius Napp und dessen Ehefrau Emma Napp geb. Lemmé. Mein Vater wurde mir am 13. Mai 1886 durch den Tod entrissen. Ich bekenne mich zum evangelischen Glauben.

Von 1867—1871 besuchte ich die evangelische Elementarschule, von Herbst 1871 bis Ostern 1878 die evang. höhere Bürgerschule (jetziges evang. Realprogymnasium) zu Düren, welche ich Ostern 1878 mit dem Zeugniss der Reife für Prima verliess. Von Ostern 1878 bis Ostern 1880 besuchte und absolvirte ich die Prima der Realschule I. Ordnung (jetzigen Realgymnasiums) zu Siegen.

In der Absicht, mich dem Studium der Chemie zu widmen, begab ich mich nach Ostern 1880 nach Wiesbaden, um an dem dortigen, unter der Leitung des Geh. Hofraths Prof. Dr. Fresenius stehenden chemischen Laboratorium einen zweijährigen, hauptsächlich praktischen Cursus durchzumachen. Durch wiederholtes Kraukseln wurde ich jedoch veranlasst, das Studium der Chemie aufzugeben und statt dessen neuere Sprachen zu studiren. So bezog ich Ostern 1882 die hiesige Universität, an welcher ich bis heute noch das akademische Bürgerrecht geniesse. Es unterrichteten mich während dieser Zeit folgende Herren Professoren und Docenten: Bender, Bischoff, Bücheler, Förster, Maurenbrecher, K. Menzel, Rein, Schaarschmidt, Stürzinger, Trautmann, Wilmanns, Witte; ferner die Lektoren Ayméric, Panozzo, Piumati und Waridel. Allen diesen Herren, besonders aber Herrn Prof. Förster, fühle ich mich zu aufrichtigem Danke verpflichtet.

Thesen.

1. Das neufranz. Adjektiv français (altfranz. franceis — françois) geht nicht auf einen Typus *francensis oder *franciscus zurück, sondern ist durch Anhängung des fertigen franz. Suffixes -eis an France gebildet.
2. Die Richtigkeit der durch Littré und Schéler aufgestellten Etymologie von moquer ist anzuerkennen; das Wort ist also als pikardisches Lehnwort und als etymologisch identisch mit moucher zu betrachten.
3. Entgegen Diez (E. W. I s. v. godere) sind für it. giojello und franz. joyau zwei verschiedene Etyma anzunehmen; ersteres ist eine Weiterbildung von gioja, letzteres eine solche von joie.
4. Horning's Etymologie von acovateir (cf. ZfrPh IX 141) ist anzufechten.
5. Es ist dringend zu wünschen, dass jeder Studirende der romanischen Philologie sich auch die Kenntniss des Spanischen erwerbe.
6. Das altspanische sogenannte Poema del Cid ist seiner ganzen Form nach eine Nachbildung der altfranzösischen chansons de geste der späteren Zeit.
7. Roman des Sept Sages (ed. Keller) ist zu lesen: Z. 373 nigremanche st. ingremanche (ebenso Z. 3927); Z. 439 tel st. cel; Z. 449 Euguien st. enguien; Z. 580 aproimiés st. aprimies; Z. 674 s'aproime st. saprime.
8. Roman des Sept Sages ist zu setzen: Z. 254 Es st. Que; Z. 262 A st. Et; Z. 317 Del st. De; Z. 552 Que st. Qua; Z. 802 chenu st. chaiu.